고사성어로 어휘력 쑥쑥! 책읽기 술술! 글쓰기 탄탄!

이야기를 **읽고** 만화로 **배우고** 쓰면서 **익히는**

고사성어 故事成語

푸른길

이 책의 구성

고사성어로 어휘력 쑥쑥! 책읽기 술술! 글쓰기 탄탄!

이야기를 읽고

한눈에 쏙!
우리말에 꼭 필요한 고사성어만 엄선!

이게 바로 일거양득!
이야기도 읽고 단어도 배우며
어휘력 쑥쑥! 책읽기 술술!

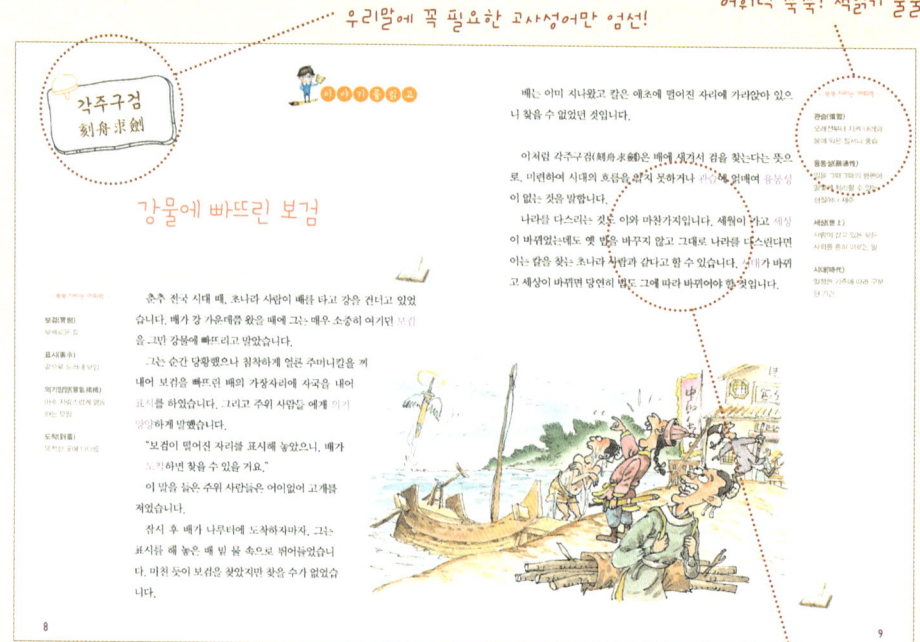

우리말 속에 자주 등장하는 고사성어를 모아 그에 얽힌 이야기를 동화로 엮었습니다. 이야기를 읽다 보면 고사성어의 의미를 쉽게 이해할 수 있고, 그 속에 담긴 지혜도 배울 수 있습니다. 또한 이야기에 등장하는 어려운 단어의 풀이도 함께 실어 어휘력도 쑥쑥 향상됩니다.

이야기 속에서 교훈과 지혜를
얻을 수 있어요!

만 화 로 배 우 고

재미있는 만화를 통해 고사성어와 더 친해질 수 있습니다. 어디서나 마주칠 수 있는 일상생활을 배경으로 하여 고사성어를 어떤 상황에 어떻게 적용하는지 배울 수 있습니다. 재치 있고 익살스러운 만화 내용은 고사성어를 오랫동안 기억할 수 있게 합니다.

쓰 면 서 익 히 는

고사성어에 해당하는 한자를 한 글자씩 공부합니다. 필순에 맞추어 한자를 써 봄으로써 어휘력 상승은 물론 한자 실력을 한층 높일 수 있습니다. 직접 쓰면서 익히다 보면 고사성어는 완전히 나의 것!

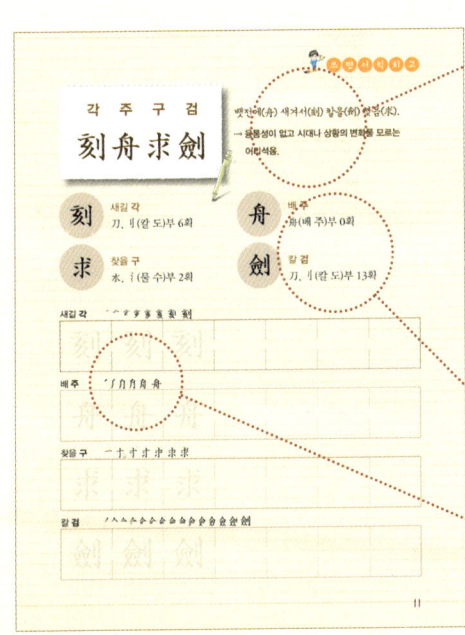

이 책의 차례

- 각주구검　　강물에 빠뜨린 보검　_8
- 개과천선　　주처, 새사람 되다　_12
- 개권유익　　독서를 좋아한 황제　_16
- 결초보은　　풀을 묶어 갚은 은혜　_20
- 관포지교　　영원한 친구　_24
- 괄목상대　　여몽의 변신　_28
- 구우일모　　사마천의 수난　_32
- 군계일학　　닭 무리 속의 한 마리 학　_36
- 기우　　　　하늘이 무너지면……　_40
- 난형난제　　형이라 하기도, 동생이라 하기도　_44
- 노익장　　　나이가 들어도 왕성한 기운　_48
- 다다익선　　한신의 명답　_52
- 대기만성　　늦되는 사람　_56
- 등용문　　　출세의 관문　_60
- 마이동풍　　말 귀에 봄바람　_64

- 맹모삼천　　　교육을 위해서라면　_68
- 명경지수　　　흔들림 없는 마음　_72
- 모순　　　　　창과 방패　_76
- 문경지교　　　사사로운 원한은 뒷전　_80
- 문일지십　　　안회와 자공　_84
- 백문불여일견　직접 보는 것이 최고　_88
- 백발백중　　　양유기의 활 솜씨　_92
- 사면초가　　　천하장사 항우의 최후　_96
- 삼고초려　　　제갈량을 얻은 유비　_100
- 새옹지마　　　앞날을 알기는 어려워　_104
- 수주대토　　　어리석은 농부　_108
- 양두구육　　　제나라 영공의 이중인격　_112
- 양상군자　　　대들보 위의 도둑　_116
- 양약고구　　　좋은 약은 입에 쓰다　_120

- 어부지리 조개와 도요새가 싸우면 _124
- 연목구어 선왕의 야심을 꿰뚫어 본 맹자 _128
- 오십보백보 도망치기는 마찬가지 _132
- 와신상담 부차와 구천의 복수전 _136
- 용두사미 꼬리 감춘 가짜 중 _140
- 우공이산 산을 옮긴 우공의 열의 _144
- 유비무환 강직한 신하 사마위강 _148
- 읍참마속 마속의 목을 벤 제갈공명 _152
- 일거양득 두 마리 호랑이를 잡은 변장자 _156
- 일심동체 서로 사랑하고 이해하는 부부 _160
- 자수성가 어려운 집안을 일으킨 새댁 _164
- 전화위복 제나라 선왕을 설득한 소진 _168
- 조강지처 고생하던 때의 아내 _172
- 조삼모사 잔꾀로 원숭이를 속인 저공 _176
- 죽마고우 소꿉친구 은호와 환온 _180
- 중과부적 왕도 정치를 역설하는 맹자 _184
- 중구난방 주나라 여왕의 공포 정치 _188

- 지록위마　　권력에 눈이 어두운 조고　_192
- 지음　　　　백아의 마음을 알아준 종자기　_196
- 천고마비　　가을이면 쳐들어오는 흉노　_200
- 천리안　　　청렴한 양일　_204
- 천생연분　　하늘이 맺어 준 인연　_208
- 천재일우　　좀처럼 만나기 어려운 좋은 기회　_212
- 토사구팽　　유방에게 버림받은 한신　_216
- 파죽지세　　진나라의 천하 통일　_220
- 패가망신　　재산 날리고 몸까지 망친 늦둥이　_224
- 풍수지탄　　효도 못한 고어의 슬픔　_228
- 형설지공　　학문에 힘쓴 손강과 차윤　_232
- 호가호위　　호랑이를 빌려 위세 부리는 여우　_236
- 호연지기　　도덕적 용기　_240
- 화룡점정　　하늘로 솟아오르는 용　_244

강물에 빠뜨린 보검

쑥쑥 자라는 어휘력

보검(寶劍)
보배로운 칼.

표시(表示)
겉으로 드러내 보임.

의기양양(意氣揚揚)
아주 자랑스럽게 행동하는 모양.

도착(到着)
목적한 곳에 다다름.

춘추 전국 시대 때, 초나라 사람이 배를 타고 강을 건너고 있었습니다. 배가 강 가운데쯤 왔을 때에 그는 매우 소중히 여기던 보검을 그만 강물에 빠뜨리고 말았습니다.

그는 순간 당황했으나 침착하게 얼른 주머니칼을 꺼내어 보검을 빠뜨린 배의 가장자리에 자국을 내어 표시를 하였습니다. 그리고 주위 사람들에게 의기양양하게 말했습니다.

"보검이 떨어진 자리를 표시해 놓았으니, 배가 도착하면 찾을 수 있을 거요."

이 말을 들은 주위 사람들은 어이없어 고개를 저었습니다.

잠시 후 배가 나루터에 도착하자마자, 그는 표시를 해 놓은 배 밑 물 속으로 뛰어들었습니다. 미친 듯이 보검을 찾았지만 찾을 수가 없었습니다.

배는 이미 지나왔고 칼은 애초에 떨어진 자리에 가라앉아 있으니 찾을 수 없었던 것입니다.

이처럼 각주구검(刻舟求劍)은 배에 새겨서 검을 찾는다는 뜻으로, 미련하여 시대의 흐름을 알지 못하거나 관습에 얽매여 융통성이 없는 것을 말합니다.

나라를 다스리는 것도 이와 마찬가지입니다. 세월이 가고 세상이 바뀌었는데도 옛 법을 바꾸지 않고 그대로 나라를 다스린다면 이는 칼을 찾는 초나라 사람과 같다고 할 수 있습니다. 시대가 바뀌고 세상이 바뀌면 당연히 법도 그에 따라 바뀌어야 할 것입니다.

* 쑥쑥 자라는 어휘력 *

관습(慣習)
오래전부터 지켜 내려와 몸에 익은 질서나 풍습.

융통성(融通性)
일을 그때그때의 형편에 알맞게 처리할 수 있는 성질이나 재주.

세상(世上)
사람이 살고 있는 모든 사회를 흔히 이르는 말.

시대(時代)
일정한 기준에 따라 구분된 기간.

만화로 배우고

각 주 구 검
刻舟求劍

뱃전에(舟) 새겨서(刻) 칼을(劍) 찾음(求).
… 융통성이 없고 시대나 상황의 변화를 모르는 어리석음.

刻 새길 **각**
刀, 刂(칼 도)부 6획

舟 배 **주**
舟(배 주)부 0획

求 찾을 **구**
水, 氵(물 수)부 2획

劍 칼 **검**
刀, 刂(칼 도)부 13획

새길 **각**　一 十 亠 亥 亥 刻 刻

배 **주**　′ 亻 冂 冃 舟 舟

찾을 **구**　一 十 寸 才 求 求 求

칼 **검**　′ 人 𠆢 亼 슾 슾 僉 僉 僉 僉 僉 劍 劍

주처, 새사람 되다

쑥쑥 자라는 어휘력

예의(禮儀)
공손하고 바른 행동이나 몸가짐.

무법자(無法者)
법을 무시하고 도리에 어긋난 짓을 하는 사람.

계기(契機)
어떤 일이 일어나거나 결정되는 근거나 기회.

편안(便安)
몸이나 마음이 편하고 좋음.

용기(勇氣)
씩씩하고 굳센 기운.

진나라에 주처라고 하는 사람이 살았습니다. 주처는 좋은 가문에서 태어났으나 열 살 때 아버지가 세상을 떠나고 집안이 기울면서 빗나가기 시작했습니다.

주처는 하루 종일 거리를 헤매며 나쁜 짓만 골라 했습니다. 힘이 천하장사여서 아무나 보면 패기가 일쑤였고, 예의라고는 도대체 찾아볼 수가 없었습니다. 그래서 마을 사람들은 그와 마주치려고 하지 않았습니다.

그런 거리의 무법자 주처가 무엇이 계기가 되었는지 자신의 잘못을 뉘우치고 새사람이 되어 가기 시작했습니다. 그러나 마을 사람들은 여전히 그를 멀리하였습니다. 주처가 마을 사람들에게 물었습니다.

"지금 세상이 편안하여 모두들 잘 살고 있는데, 여러분은 왜 나만 보면 얼굴을 찡그리십니까?"

그러자 어느 용기 있는 사람이 이렇게 대답했습니다.

"우리 마을에는 세 가지 해로움이 있는데 첫 번째는 남산에 있는

사나운 호랑이이고, 두 번째는 장교(長橋) 아래에 사는 교룡(蛟龍)이며, 세 번째는 바로 당신이요."

이 말을 들은 주처는 새로운 각오로 마을의 어려움을 없애겠다고 사람들에게 약속했습니다. 그는 온갖 어려움을 무릅쓰고 남산의 호랑이도 잡고, 다리 밑의 교룡도 없앴습니다. 그런데도 사람들은 그를 반갑게 맞이해 주지 않았습니다.

그래도 주처는 포기하지 않고 착한 사람이 되어야겠다는 마음을 굳게 먹고 대학자인 육기, 육운 형제를 찾아갔습니다.

"자네가 굳은 의지를 가지고 지난날의 허물을 고쳐 착한 사람이 된다면 자네의 앞날은 밝을 것이네."

육기 형제의 격려를 받고 열심히 학문을 닦은 주처는 마침내 훌륭한 학자가 되었습니다.

주처와 같이 잘못된 자신의 행동을 고쳐 착하게 된 경우를 개과천선(改過遷善)이라고 합니다.

• 쑥쑥 자라는 어휘력 •

각오(覺悟)
미리 마음 속으로 단단히 준비함.

의지(意志)
어떤 일을 이루고자 하는 마음가짐.

격려(激勵)
용기나 의욕이 솟아나도록 북돋워 줌.

학문(學問)
지식을 배워서 익힘.

개 과 천 선
改過遷善

허물을(過) 고쳐(改) 착한 마음으로(善) 옮김(遷).

→ 지나간 잘못을 고치고 착하게 됨.

改 고칠 개
攴, 攵(등글월 문)부 3획

過 허물 과
辵, 辶(책받침)부 9획

遷 옮길 천
辵, 辶(책받침)부 12획

善 착할 선
口(입 구)부 9획

고칠 개 ㄱ ㄱ ㄸ ㄸ 改 改

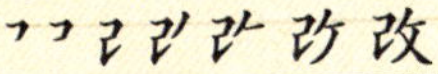

허물 과 丨 冂 冂 冎 冎 冎 冎 渦 過 過

옮길 천 一 丅 兩 兩 兩 覀 覀 覀 覂 㢲 㢲 遷 遷

착할 선 丶 丶 ㅛ ㅛ 羊 羊 羊 盖 善 善 善

15

독서를 좋아한 황제

쑥쑥 자라는 어휘력

독서(讀書)
책을 읽음.

분류(分類)
전체를 몇 가지로 구분하여 나눔.

편찬(編纂)
여러 자료를 모으고 정리하여 책으로 만듦.

신하(臣下)
임금을 섬기어 벼슬하는 사람.

휴식(休息)
일을 하다가 잠깐 쉼.

피로(疲勞)
지쳐서 몸이나 정신이 고단함. 또는 그런 상태.

　송나라의 황제 태종은 독서를 매우 좋아하였습니다. 그는 특히 역사책을 즐겨 읽었으며, 책의 분량이 아무리 많아도 전혀 개의치 않고 끝까지 읽었습니다.

　책 읽기를 좋아한 태종은 학자 이방 등에게 명하여 많은 양의 책을 편찬하도록 하였습니다. 그래서 7년 만에 모두 1600여 권이나 되는 책들이 종류별로 분류되어 편찬되었습니다.

　이 책들은 태종이 왕으로 있던 태평 연간에 편찬되었기 때문에 태종의 연호를 따서 '태평편류'라고 이름 지었습니다.

　태평편류가 편찬되자 태종은 크게 기뻐하며 이 책들을 즐겨 읽었습니다. 그는 먹고 자는 것도 잊은 채 책 읽기에 열중했습니다.

　신하들은 황제의 건강이 나빠질까 걱정하여 황제에게 휴식을 취하며 읽으라고 간하였습니다.

　그러자 태종은 말하였습니다.

　"이 책들은 펼치기만 해도 이로운 점이 있다. 나는 조금도 피로하지 않다."

　태종은 이 책들을 매일 두세 권씩 읽어 1년 만에 다 읽었습니다. 이처럼 황제가 읽었다는 점을 높이 사서, 후에는 이 책들을 '태평어람'이라 고쳐 불렀습니다.

　당시 태종의 말에서 유래한 개권유익(開卷有益)은, 책이란 좋은 것이어서 펼치기만 해도 사람에게 이로움이 있다는 뜻으로 쓰입니다.

• 쑥쑥 자라는 어휘력 •

유래(由來)
사물이나 이야기가 어디에서 비롯되어 옴.

만화로 배우고

개권유익
開卷有益

책을(卷) 펴면(開) 이익이(益) 있음(有).
→ 책은 펴기만 해도 유익함.

開 열 개
門(문 문)부 4획

卷 책 권
㔾, 巳(병부 절)부 6획

有 있을 유
月(달 월)부 2획

益 더할 익
皿(그릇 명)부 5획

열 개　一 厂 厂 戸 戸 門 門 門 門 閂 閉 開

책 권　′ ′ ′′ ⺌ 半 半 쏜 卷

있을 유　ノ ナ 才 有 有 有

더할 익　′ ′′ ⺌ 䒑 쓰 尘 仝 谷 益 益

19

풀을 묶어 갚은 은혜

쑥쑥 자라는 어휘력

유언(遺言)
사람이 죽음에 이르러서 부탁하여 남기는 말.

고민(苦悶)
마음속으로 괴로워하고 속을 태움.

정신(精神)
영혼이나 마음. 사물을 느끼고 생각하는 능력.

궁지(窮地)
살아갈 길이 어렵거나 매우 어려운 일을 당한 처지.

진(晉)나라에 위무자라는 사람이 있었는데 그에게는 아끼는 첩이 있었습니다. 위무자가 병이 들어 목숨이 위태롭게 되자 아들 위과를 불러 이렇게 유언했습니다.

"내가 죽거든 그 여자를 다른 곳에 시집 보내거라."

그런데 숨이 넘어갈 지경에 이르자 그는 다시 이렇게 유언했습니다.

"내가 죽거든 그 여자도 죽여서 나와 함께 묻어 다오."

아버지가 죽자 위과는 어떤 유언을 따라야 할지 고민하다가 '사람이 위독해지면 마음이 흐트러지는 법이다. 나는 아버지가 올바른 정신일 때 했던 말씀을 따르겠다.'라고 결심했습니다. 그리고 아버지가 올바른 정신일 때 유언한 대로 그 여자를 다른 곳으로 시집 보냈습니다.

그후 진(秦)나라가 쳐들어와 위과는 전쟁터에 나가 적의 장수 두회와 싸움을 벌이다 궁지에 몰려 쫓기게 되었습니다. 한참 도망치던 중 그는 아주 이상한 광경을 보게 되었습니다.

어떤 노인이 길가의 잡초를 묶어 매듭을 만들고 있는 것이었습니다. 위과가 그곳을 지나가자, 뒤따라오던 두회는 그만 엮어 놓은 풀에 걸려 넘어졌습니다. 위과는 이때를 틈타 말 머리를 돌려 적장 두회를 사로잡았고, 싸움에서 승리하였습니다.

그날 밤, 그 노인이 위과의 꿈에 나타났습니다. 노인은 공손히 인사하면서 말했습니다.

"나는 당신이 시집 보내 준 위무자 첩의 아비 되는 사람이오. 당신 아버지의 유언에 따라 내 딸을 시집 보내 주어 참으로 고맙소. 그때 이후로 나는 지금껏 그대에게 보답할 길을 찾았소. 오늘에서야 그 은혜를 갚게 된 것이오."

이렇게 해서 상대방에게 은혜를 갚아야 할 때 결초보은(結草報恩)이라는 말을 쓰게 되었습니다.

• 쑥쑥 자라는 어휘력 •

승리(勝利)
겨루거나 싸워서 이김.

보답(報答)
남에게서 입은 은혜를 갚음.

은혜(恩惠)
고맙게 베풀어 주는 혜택.

만화로 배우고

결 초 보 은
結草報恩

풀잎을(草) 엮어서(結) 은혜를(恩) 갚음(報).
··▶ 죽은 뒤에도 은혜를 잊지 않고 갚음.

結 맺을 **결**
糸(실 사)부 6획

草 풀 **초**
艸, 艹(풀 초)부 6획

報 갚을 **보**
土(흙 토)부 9획

恩 은혜 **은**
心, 忄(마음 심)부 6획

맺을 **결**   ˊ ˊ ˊ ˊ 纟 糹 糸 紅 紅 紝 結 結

結 結 結

풀 **초**   ˇ ㅗ 艹 艹 艹 ㅕ 艹 ㅓ 草 草

草 草 草

갚을 **보**   一 ㅜ 土 ㅗ 吉 吉 幸 幸 奉 郣 報 報

報 報 報

은혜 **은**   ㅣ 冂 冂 円 因 因 因 恩 恩 恩

恩 恩 恩

영원한 친구

쑥쑥 자라는 어휘력

재능(才能)
재주와 능력.

충분(充分)
모자람이 없이 넉넉함.

기용(起用)
능력 있는 사람을 중요한 자리에 뽑아 씀.

임명(任命)
일정한 지위나 임무를 맡김.

춘추 시대 제나라의 관중과 포숙아는 둘도 없는 친구 사이였습니다. 두 사람은 벼슬길에 올라 관중은 공자 규를 섬기고, 포숙아는 규의 동생인 소백을 섬겼습니다. 그런데 얼마 안 가서 두 공자가 왕의 자리를 놓고 격렬히 맞서게 되어, 관중과 포숙아도 본의 아니게 적이 되었습니다.

소백은 이 싸움에서 승리하여 제나라의 새 군주 환공이 되었습니다. 그는 형 규를 죽이고 형의 신하였던 관중도 죽이려 했습니다. 그러자 포숙아가 이를 적극 말렸습니다.

"관중의 재능은 신보다 몇 갑절 낫습니다. 제나라만 다스리는 것으로 족하신다면 신으로도 충분합니다만, 천하를 다스리고자 한다면 관중을 죽이지 말고 기용하셔야 하옵니다."

환공은 포숙아의 말을 받아들여 관중을 대부라는 중요한 자리에 임명하고 나랏일을 맡겼습니다. 재상이 된 관중은 마음껏 능력을 발휘해 환공이 천하를 다스리는 데 큰 역할을 해냈습니다.

이처럼 포숙아는 언제나 관중을 제 몸처럼 돌봐 주었습니다.

관중은 훗날 포숙아에 대해 이렇게 말했습니다.
"내가 젊어서 포숙아와 장사할 때 이익금을 더 많이 챙겼는데도 그는 나를 욕심쟁이라 하지 않았으니 내가 가난하다는 것을 알아주었기 때문이고, 내가 전쟁에 나갔다가 도망친 일이 있는데도 그는 나를 겁쟁이라 하지 않았으니 나에게 늙으신 어머님이 계시다는 것을 알아주었기 때문이다. 나를 낳아 준 분은 내 부모님이지만, 나를 진정으로 알아준 사람은 포숙아이다."

후대의 사람들은 관중의 빼어남을 칭찬하면서도 그를 끝까지 이해하고 우정을 보여 준 포숙아의 인간성에 대해 더욱 칭송했습니다. 그리고 두터운 우정을 가리켜 관포지교(管鮑之交)라고 하였습니다.

쑥쑥 자라는 어휘력

진정(眞情)
거짓 없는 참된 정이나 애틋한 마음.

이해(理解)
사리를 깨달아서 앎.

우정(友情)
친구 사이의 정.

칭송(稱頌)
칭찬하여 일컫거나 일컬어 기림.

만화로 배우고

 쓰면서 익히는

관 포 지 교
管鮑之交

관중과(管) 포숙아의(鮑之) 사귐(交).
⋯▶ 서로에 대한 믿음과 의리가 변치 않는 두터운 교우 관계.

管 대롱 관
竹(대 죽)부 8획

鮑 절인 어물 포
魚(물고기 어)부 5획

之 어조사 지
丿(삐침 별)부 3획

交 사귈 교
亠(돼지해머리)부 4획

대롱 관 　 一 二 ケ ゲ 竹 竹 竺 竺 笁 笁 管 管

管　管　管

절인 어물 포 　 ′ 丶 ク 今 刍 刍 刍 伵 伵 伵 魚 魿 魿 鮈 鲍

鮑　鮑　鮑

어조사 지 　 ` 亠 ゥ 之

之　之　之

사귈 교 　 ` 亠 宀 六 交 交

交　交　交

여몽의 변신

쑥쑥 자라는 어휘력

용맹(勇猛)
용감하고 사나움.

학식(學識)
배워서 얻은 지식.

병법(兵法)
군사 작전의 방법.

이치(理致)
사물의 정당한 조리. 도리에 맞는 근본 뜻.

경지(境地)
마음, 기술 등이 어떠한 단계에 이른 상태.

토론(討論)
어떤 문제를 두고 여러 사람이 의견을 말하며 논의함.

오나라의 왕 손권에게 여몽이라는 장수가 있었습니다. 졸병에서 장군에까지 오른 그는 촉나라의 명장 관우를 사로잡기도 한 '삼국지'의 용맹한 인물 가운데 한 사람입니다.

그런데 그는 어렸을 때 집안이 가난하여 공부할 틈이 없었기 때문에 학식이 부족하였습니다. 여몽의 학식이 부족한 것을 염려한 손권은 그에게 책을 많이 읽어 학식을 쌓으라고 권하였습니다.

"장군은 이 나라의 대관이 아니오. 학문을 하라고 해서 경학 박사가 되라는 말은 아니오. 옛 사람들이 남긴 병법을 이론적으로 익히기 위해서는 책을 많이 읽어야 된단 말이오."

이때부터 시작한 여몽의 공부는 쉴 줄을 모르고 계속되었습니다. 그는 책을 통해 많은 지식을 얻었고 사물의 이치도 깨우쳤습니다. 전쟁터에서도 책을 손에서 놓지 않을 정도로 열심이어서, 마침내 그의 학식은 상당한 경지에 이르게 되었습니다.

어느 날, 여몽의 오랜 친구이자 학문이 깊기로 이름난 오나라의 노숙이 여몽과 토론을 벌였습니다. 노숙은 여몽의 학문이 높은 수

준에 도달한 것을 알고 깜짝 놀랐습니다.

"아니, 자네 언제 공부했는가? 그대가 무예에만 능하고 학식은 부족한 줄 알았는데, 이렇게 대단하다니……. 이제 보니 옛날의 시골 구석에 있던 무식한 여몽이 아닐세."

여몽은 이 말을 받아 이렇게 대꾸했습니다.

"무릇 선비라면, 헤어졌다가 사흘이 지나 만났을 때에는 눈을 비비고 다시 대할 만큼 달라져 있어야 하는 법이라네."

여몽의 말에서 유래한 괄목상대(刮目相對)는 학식이나 재주가 눈을 비비고 다시 볼 정도로 갑자기 늘어난 사람을 이야기할 때 쓰이는 말입니다.

✸ 쑥쑥 자라는 어휘력 ✸

도달(到達)
정한 곳이나 어떤 수준에 다다름.

무예(武藝)
검술, 궁술 등 무술에 관한 재주.

무식(無識)
아는 것이 없음.

괄목상대 刮目相對

눈을(目) 비비고(刮) 서로(相) 대함(對).
··· 학식이나 재주가 눈을 비비고 다시 볼 정도로 크게 발전함.

刮 비빌 괄
刀, 刂(칼 도)부 6획

目 눈 목
目(눈 목)부 0획

相 서로 상
目(눈 목)부 4획

對 대할 대
寸(마디 촌)부 11획

비빌 괄 ノ 二 千 千 舌 舌 刮 刮

刮 刮 刮

눈 목 丨 冂 冂 月 目

目 目 目

서로 상 一 十 才 木 机 相 相 相 相

相 相 相

대할 대 丨 丨 丬 丬 业 业 业 业 業 業 對 對

對 對 對

31

사마천의 수난

✦ 쑥쑥 자라는 어휘력 ✦

항복(降伏)
적이나 상대편에게 져서 굴복함.

대담(大膽)
겁내지 않고 용감함.

보답(報答)
남의 은혜나 호의를 갚음.

한나라 무제 때 이릉이란 장군이 오천 명의 군사를 이끌고 흉노 정벌에 나섰는데, 열 배가 넘는 적의 군사를 당할 수 없어 끝내 패하고 말았습니다.

이듬해, 무제는 싸우다 죽은 줄만 알았던 이릉이 흉노에게 항복하여 후한 대접을 받고 있다는 소식을 들었습니다. 이에 분노한 무제는 이릉 일족을 모두 잡아 죽이라는 명령을 내렸습니다.

이때, 사마천만이 대담하게 나서서 이릉의 죄 없음을 솔직하게 말했습니다.

"이릉은 적은 수의 병력으로 적의 수만 군사를 맞아 용감하게 싸웠지만, 도와주는 군대가 오지 않는 데다가 내부에 적과 통하는 자가 있어 패한 것입니다. 이릉은 병사들과 같이 먹고 자면서 끝까지 최선을 다했습니다. 흉노에게 항복한 것도 훗날 한나라에 보답하려는 뜻일 것입니다."

이 말을 듣고 몹시 화가 난 무제는 사마천을 옥에 가두고, 생식기를 자르는 형벌을 내렸습니다. 치명적인 형벌을 받은 사마천은

창피한 마음에 차마 집 밖으로 나오지 못하였습니다.

사마천은 친구 임안에게 편지를 보내 자신의 괴롭고 비참한 마음을 전했습니다.

"내가 사형을 당했다 해도 그것은 아홉 마리 소 가운데에서 터럭 하나 없어지는 것과 같을 뿐이니, 나의 존재가 땅강아지나 개미 같은 미물과 무엇이 다르겠는가?"

사마천은 자신의 막막한 처지를 아홉 마리 소의 털 한 가닥에 비유한 것입니다. 그 후 사마천은 수치심을 이겨 내고 마침내 불후의 명작인 '사기(史記)'를 완성하여 오늘에 전하였습니다.

그래서 구우일모(九牛一毛)는 대단히 많은 것 중에서 아주 적은 부분 또는 아주 하찮고 미미한 존재를 일컬을 때 쓰게 되었습니다.

쑥쑥 자라는 어휘력

존재(存在)
일정한 범위 안에서 두드러지게 보이는 처지.

미물(微物)
작고 보잘것없는 물건이나 동물.

처지(處地)
놓여 있는 사정이나 형편.

비유(比喩)
사물의 모양이나 상태 등을 효과적으로 표현하기 위해 그것과 비슷한 다른 사물이나 현상에 빗대어 표현함.

만화로 배우고

구 우 일 모
九牛一毛

아홉 마리(九) 소(牛) 가운데 한 개의(一) 털(毛).

⋯▶ 대단히 많은 것 중에서 아주 적은 부분. 또는 하찮고 미미한 존재.

九 아홉 구
乙(새 을)부 1획

牛 소 우
牛(소 우)부 0획

一 한 일
一(한 일)부 0획

毛 털 모
毛(터럭 모)부 0획

아홉 구   丿 九

소 우   ノ 스 느 牛

한 일   一

털 모   ノ 二 三 毛

군계일학
群鷄一鶴

이야기를 읽고

닭 무리 속의 한 마리 학

쑥쑥 자라는 어휘력

모함(謀陷)
꾀를 써서 남을 어려운 처지에 빠뜨림.

추천(推薦)
어떤 일에 알맞은 사람을 책임지고 소개함.

광경(光景)
눈앞에 벌어진 어떤 장면의 모습이나 상태.

기개(氣槪)
어려움에도 굽히지 않는 강한 의지.

혈기(血氣)
정의감에서 일어나는 기운.

혜소는 '죽림칠현'의 한 사람인 혜강의 아들이었습니다. 열 살 때 아버지가 모함을 받아 목숨을 잃자, 그는 홀어머니를 모시고 아버지의 친구였던 산도를 의지하며 살아왔습니다.

산도는 혜소의 뛰어난 재주를 보고 안타깝게 여겨 진나라 왕에게 추천하였습니다. 그래서 마침내 혜소는 벼슬길에 오르게 되었습니다.

처음 입궐하는 날, 혜소는 사람들 속에 끼여 걸어갔습니다. 이 광경을 본 사람이 다음날 죽림칠현의 한 사람인 왕융에게 이렇게 말했습니다.

"어제 저녁에 많은 사람들 틈에서 혜소를 처음 보았습니다. 그의 높은 기개와 혈기는 마치 닭 무리 속에 한 마리의 학이 있는 것 같았습니다."

어느 날, 혜소는 전쟁터에서 왕을 호위하였습니다. 그런데 시간이 흐를수록 적군에게 밀렸고, 병사들은 모두 도망쳐 버렸습니다.

그러나 혜소는 끝까지 왕을 지키며 싸웠습니다. 혜소의 몸에는

수십 개가 넘는 화살이 꽂혔습니다. 결국 왕과 혜소는 적군에게 사로잡혔습니다.

적군 병사가 피투성이가 된 혜소를 칼로 베자, 혜소의 피가 튀어 적국 왕의 옷을 적셨습니다. 그것을 본 한 신하가 왕의 옷을 빨도록 지시하였습니다. 그러나 왕은 피에 젖은 옷을 그대로 입은 채 큰 소리로 말했습니다.

"그냥 놔두어라. 혜소 같은 충절을 내 어찌 씻어 버릴 수 있겠느냐?"

이후로 혜소처럼 많은 무리 속에서 우뚝 솟아 있는 사람이나 매우 뛰어난 사람을 가리킬 때 군계일학(群鷄一鶴)이라고 합니다.

※ 쑥쑥 자라는 어휘력 ※

지시(指示)
일러서 시킴.

충절(忠節)
충성스러운 절개와 의리.

군계일학
群鷄一鶴

많은(群) 닭(鷄) 중의 한 마리(一) 학(鶴).
→ 평범한 사람 가운데 뛰어난 사람.

群 무리 군
羊(양 양)부 7획

鷄 닭 계
鳥(새 조)부 10획

一 한 일
一(한 일)부 0획

鶴 학 학
鳥(새 조)부 10획

무리 **군**　 フ ⺕ ⺕ 尹 尹 君 君 君 君 群 群 群 群

群　群　群

닭 **계**　 ノ ハ ハ 公 公 爫 爫 奚 奚 奚 鷄 鷄 鷄 鷄

鷄　鷄　鷄

한 **일**　一

一　一　一

학 **학**　 ノ 一 匕 ヰ 在 隹 雀 雀 雀 鶴 鶴 鶴 鶴

鶴　鶴　鶴

39

기우
杞憂

이야기를 읽고

하늘이 무너지면……

✻ 쑥쑥 자라는 어휘력 ✻

음식(飮食)
사람이 먹고 마시는 것.

현명(賢明)
어질고 사리에 밝음.

친구(親舊)
친하게 사귀는 벗.

    중국의 주(周) 왕조 시대에 기(杞)라고 하는 조그만 나라가 있었습니다. 기나라에는 공연히 쓸데없는 걱정을 하는 사람이 살았습니다.

    그의 걱정거리 가운데 하나는 '하늘이 무너져 내리면 어디에 숨어야 하나?' 하는 것이었습니다. 그는 걱정이 되어 밤에 잠도 못 자고 음식도 먹지 못했습니다.

    그런데 그에게는 현명한 친구가 한 사람 있었습니다. 그 현명한 친구가 말했습니다.

    "하늘은 기(氣)가 쌓인 것이라네. 그래서 기가 없는 곳이 없지. 우리가 몸을 움직이고 숨을 쉬는 것도 늘 기가 꽉 차 있는 이 하늘 안에서 하는 것이라네. 그러니 어찌 하늘이 무너지겠는가."

    그러자 그 사나이는 또 걱정이 되어 물었습니다.

    "하늘이 정말 기가 쌓인 것이라면 해, 달, 별이 떨어지지 않겠는가?"

"해와 달, 별들도 역시 기가 쌓여 있는 속에 있을 뿐이라네. 설사 떨어진다 해도 사람이 다치질 않는다네."
"하늘이 그렇다 할지라도 땅이 꺼지면 어쩌지?"
"땅은 흙이 쌓인 것뿐이라네. 사방에 가득 차 있기 때문에 흙이 없는 곳이 없지. 우리가 뛰고 구르는 것도 늘 땅 위에서 하고 있지 않나? 그런데 어째서 땅이 꺼질까 근심하는가? 그러니 이젠 쓸데없는 걱정을 접어 두게."
이 말을 듣고 사나이는 크게 기뻐하며 마음을 놓았습니다.

이 고사에서 기나라 사람의 걱정, 즉 기우(杞憂)라는 말이 생겼습니다. 걱정하지 않아도 될 것을 쓸데없이 하는 걱정, 바로 공연한 걱정을 기우라고 하게 되었습니다.

★ 쑥쑥 자라는 어휘력 ★

사방(四方)
동, 서, 남, 북의 네 방향. 또는 여러 곳.

고사(故事)
옛날부터 전해 내려오는 일. 또는 그것을 나타낸 어구.

기 우
杞 憂

기나라(杞) 사람의 걱정(憂).
⋯ 쓸데없는 근심과 걱정.

杞 기나라 기
　木(나무 목)부 3획

憂 근심 우
　心, 忄(마음 심)부 11획

기나라 기　一十才木杞杞

杞　杞　杞

杞　杞　杞

근심 우　一一广厂百直憂憂憂

憂　憂　憂

憂　憂　憂

43

형이라 하기도, 동생이라 하기도

쑥쑥 자라는 어휘력

열중(熱中)
한 가지 일에 정신을 쏟음.

형제(兄弟)
형과 아우를 아울러 이르는 말.

기억(記憶)
지난 일을 잊지 않고 외워 두거나 도로 생각해 냄.

요점(要點)
가장 중요한 점.

　중국의 후한 말에 진식이라는 덕망 높은 사람이 있었습니다. '양상군자'라는 일화로도 유명한 사람인데, 그에게는 진기와 진심이라는 어린 두 아들이 있었습니다.
　하루는 집에 손님이 찾아왔습니다. 두 아들은 부엌에서 밥을 짓고, 진식은 방 안에서 손님과 토론에 열중이었습니다.
　부엌에서 밥을 짓던 형제는 아버지와 손님의 토론에 귀를 기울이다가, 밥을 찌는 바구니 밑에 채그릇 받치는 것을 까맣게 잊어버렸습니다. 그래서 쌀이 모두 솥 안으로 떨어져 그만 죽이 되고 말았습니다.
　아버지가 저녁밥을 들이라고 하자, 형제는 할 수 없이 무릎을 꿇고 사실을 말하였습니다. 이야기를 듣고 진식은 두 아들에게 물었습니다.
　"그렇다면, 너희들은 우리가 이야기한 것을 조금이라도 기억할 수 있겠느냐?"
　두 아들은 놀랍게도 토론의 요점을 정확하게 알고 있었습니다.

진식은 흐뭇해하며 두 아들을 용서해 주었습니다.

　세월이 지나, 진기의 아들 진군과 진심의 아들 진충이 서로 자기 아버지의 도덕과 학문을 비교하여 낫고 못함을 다투었습니다. 그런데 도무지 결말이 나지 않았습니다.

　할 수 없이 할아버지인 진식에게 누가 더 나은지 가려 달라고 하였습니다. 그러나 진식도 누가 낫고 누가 못한지 판단하기가 어려웠습니다. 그래서

　"누구를 형이라 하기도 어렵고 누구를 동생이라 하기도 어렵구나."

하며 그 판정을 미루었습니다.

　여기서 유래하여, 도덕이나 학문상 차이가 없어 낫고 못함을 가릴 수 없을 때 난형난제(難兄難弟)라는 말이 쓰이게 되었습니다.

> ◆ 쑥쑥 자라는 어휘력
>
> **용서(容恕)**
> 죄나 잘못에 대하여 꾸짖거나 벌을 주지 않고 덮어 줌.
>
> **도덕(道德)**
> 사람으로서 마땅히 지켜야 할 바른 행동과 도리.
>
> **비교(比較)**
> 둘 이상의 사물을 서로 견주어 봄.
>
> **판정(判定)**
> 어떤 일을 명확히 구별하여 결정함.

난형난제
難兄難弟

누구를 형이라(兄) 하기도 어렵고(難) 동생이라(弟) 하기도 어려움(難).

→ 낫고 못함을 가릴 수 없을 정도로 두 사람의 능력이 서로 비슷함.

難 어려울 난
隹(새 추)부 11획

兄 형 형
儿(어진사람인발)부 3획

難 어려울 난
隹(새 추)부 11획

弟 아우 제
弓(활 궁)부 4획

어려울 난 一 十 廿 廿 廿 昔 昔 堇 堇 菓 莫 鄞 鄞 難 難 難

難 難 難

형 형 丨 口 口 尸 兄

兄 兄 兄

어려울 난 一 十 廿 廿 廿 昔 昔 堇 堇 菓 莫 鄞 鄞 難 難 難

難 難 難

아우 제 丶 丷 ⺌ ⺻ 肀 弟 弟

弟 弟 弟

나이가 들어도 왕성한 기운

쑥쑥 자라는 어휘력

활약(活躍)
힘차게 뛰어다님.

촉망(屬望)
잘 되기를 바라고 기대함.

호송(護送)
보호하여 보냄.

검소(儉素)
사치하지 않고 수수함.

수전노(守錢奴)
돈을 모을 줄만 알고 쓰려고는 하지 않는 인색한 사람을 낮추어 이르는 말.

전한 말과 후한 초에 걸쳐 활약한 마원이라는 뛰어난 장수가 있었습니다. 그는 어렸을 때부터 그릇이 크고 무예에도 정통하여 주위 사람들의 촉망을 받으며 자랐습니다.

마원은 커서 독우관이라는 시골 관리가 되었습니다. 죄수를 호송하던 어느 날, 마원은 애통하게 울부짖는 죄수들을 보고 동정심이 생겨 이들을 모두 풀어 주고 자신도 도망가 버렸습니다.

북방 변경에 자리잡은 그는 가축을 기르며 생활했는데 오래지 않아 소, 말, 양을 수천 마리나 가진 큰 부자가 되었습니다.

그는 어려운 이웃과 친구들을 돕는 데에는 돈을 아끼지 않으면서도 자신은 다 해어진 양가죽 옷을 걸치고 검소한 생활을 하면서 늘 이렇게 말했습니다.

"부자가 되어 사람들에게 베풀지 않으면 수전노일 뿐이다."

그리고 마원은 '대장부의 의지는 가난하고 어려울 때 더욱 굳세어야 하며, 늙을수록 의욕과 기력이 왕성해야 한다.'라는 말을 좋아해 마음 속 깊이 새겼습니다. 나중에 광무제에게 특별히 뽑혀 대장군이 된 그는 몇 차례나 전쟁에서 빛나는 공을 세웠습니다. 마원은 늙어서도 내란 토벌을 자원했습니다.

"그대는 이제 너무 늙었소."

광무제가 말리자 그는 펄쩍 뛰며 말했습니다.

"신의 나이 예순둘이지만 아직도 갑옷을 입고 말을 탈 수 있으니 늙었다고 할 수 없습니다."

말을 마친 마원이 갑옷을 입고 말 위에 거뜬히 올라타는 것을 보고 광무제는 감탄했습니다.

"이 노인장이야말로 노익장이로군."

노익장(老益壯)은 '몸은 늙었으나 기력이나 의욕은 젊은이 못지 않게 왕성함'을 이르는 말로, 바로 마원이 평소 마음 속에 새기던 말입니다.

+ 쑥쑥 자라는 어휘력 +

내란(內亂)
나라 안에서 일어난 난리.

토벌(討伐)
무력으로 쳐서 없앰.

자원(自願)
어떤 일을 스스로 하고자 바라거나 나섬.

기력(氣力)
일을 해낼 수 있는 정신과 육체의 힘.

의욕(意欲)
적극적으로 하고자 하는 마음.

만 화 로 배 우 고

노 익 장
老 益 壯

늙었어도(老) 기력은 더욱(益) 왕성해짐(壯).
⋯▸ 나이가 들었어도 의욕이나 기력은 젊은이 못지않게 굳세고 왕성함.

老 늙을 노
老(늙을 로)부 0획

益 더할 익
皿(그릇 명)부 5획

壯 굳셀 장
士(선비 사)부 4획

늙을 노　一 十 土 耂 耂 老

老　老　老

더할 익　丶 丷 ⺍ 今 糸 夅 夲 谷 益

益　益　益

굳셀 장　丨 丬 圤 壯 壯 壯 壯

壯　壯　壯

51

한신의 명답

쑥쑥 자라는 어휘력

천하(天下)
한 나라 또는 정권.

일등 공신(一等功臣)
국가에 가장 큰 공로가 있는 신하.

배반(背反)
믿음과 의리를 저버리고 돌아섬.

부하(部下)
직책상 자기보다 더 낮은 자리에 있는 사람.

좌천(左遷)
높은 지위에서 낮은 지위로 옮김. 또는 중앙에서 지방으로 옮김.

진(秦)나라가 멸망하자, 중국에서는 유방과 항우가 천하를 얻기 위해 싸움을 하였습니다. 오랜 싸움 끝에 유방은 항우를 쓰러뜨리고 천하를 통일하여 한나라의 황제(고조)가 되었습니다.

그런데 황제가 되자, 이상하게도 지금까지 자기를 위해 몸바쳐 일해 온 사람들이 모두 적으로 보이기 시작했습니다. 그중에서도 전쟁에서 세운 공이 커서 초왕으로 봉했던 일등 공신 한신이 자기를 배반할 수 있는 가장 위험한 존재로 생각되었습니다.

그래서 유방은 한신이 전에 항우의 부하였던 종리매를 숨겨 주었다는 구실로 그의 왕위를 빼앗고, 회음후(淮陰侯)로 좌천시켜 도읍 장안을 떠나지 못하게 하였습니다.

어느 날 고조는 한신의 마음을 떠보려는 속셈으로 여러 장군들의 능력에 대해 이야기를 나누었습니다.

"그대는 과인이 대체 어느 정도의 군사를 거느리는 장수감으로 보이는가?"

"글쎄요, 폐하께서는 십만 명쯤 거느릴 수 있을 것으로 생각합니다."

"그래, 그럼 그대는 얼마나 거느릴 수 있겠는가?"

"신은 많으면 많을수록 더욱 좋습니다."

"많으면 많을수록 좋다는 그대는 어찌하여 과인의 밑에 있는가?"

유방이 비아냥거리며 묻자, 한신이 정색을 하고 대답하였습니다.

"그 까닭은 이렇습니다. 폐하께서는 군사의 장수가 되실 수는 없어도 장수의 장수는 되실 수 있습니다. 그것이 바로 제가 폐하께 잡히게 된 이유입니다. 더구나 폐하의 능력은 하늘이 내리신 것이라 사람의 힘으로는 어떻게 할 수가 없는 것입니다."

한나라 고조와 한신 장군의 대화에서 나온 다다익선(多多益善)은 바로 '양이나 수가 많으면 많을수록 좋다'는 뜻입니다.

쑥쑥 자라는 어휘력

능력(能力)
어떤 일을 해낼 수 있는 힘.

정색(正色)
얼굴에 엄정한 빛을 나타냄. 또는 그 표정.

장수(將帥)
군사를 거느리고 지휘하는 우두머리.

이유(理由)
까닭.

대화(對話)
서로 마주 대하여 이야기함.

다 다 익 선
多多益善

많으면(多) 많을수록(多) 더욱(益) 좋음(善).
···▶ 양이나 수가 많으면 많을수록 좋음.

多 많을 다
夕(저녁 석)부 3획

 많을 다
夕(저녁 석)부 3획

 더할 익
皿(그릇 명)부 5획

 좋을 선
口(입 구)부 9획

많을 다　ノ ク 夕 多 多

많을 다　ノ ク 夕 多 多

더할 익　ノ ハ ハ 수 수 숙 俗 益 益

좋을 선　丶 丷 厶 쑤 羊 羊 盖 盖 善 善 善

대기만성
大器晚成

이야기를 읽고

늦되는 사람

쑥쑥 자라는 어휘력

성품(性品)
사람의 성질과 됨됨이.

사촌(四寸)
아버지 친형제의 아들딸.

출세(出世)
높은 자리에 오르거나 유명하게 됨.

관심(關心)
어떤 일에 마음이 끌려서 흥미를 느낌.

중국의 삼국 시대 때 위나라에 최염이라는 장수가 있었습니다. 그는 체격이 좋고 잘생긴 데다 우렁찬 목소리를 가졌으며 성품까지 훌륭하여 조조도 그를 매우 아꼈습니다. 그런 최염에게 최림이라는 사촌 동생이 있었습니다.

그런데 최림은 사촌 형과 전혀 딴판이었습니다. 그는 생긴 모습도 시원치 않을뿐더러 말솜씨도 신통하지 못해 출세와는 거리가 멀어 보이는 사람이었습니다. 그러다 보니 일가 친척들도 최림을 눈 밖에 두고 관심을 가지지 않았습니다.

그러나 최염은 그의 인물 됨됨이를 꿰뚫어 보고, 그가 큰 인물이 될 것이라고 기대하면서 주변 사람들에게 말했습니다.

"큰 종이나 큰 솥은 쉽게 만들어지는 게 아니네. 사람도 마찬가지여서 크게 성공하기까지는 많은 시간이 걸리게 마련이지. 내 아우도 그런 대기만성형이니까 언젠가는 큰 인물이 될 것일세. 두고 보게나."

최염의 생각대로 나중에 최림은 크게 되어 높은 지위에 올라 왕을 보좌하는 삼공(三公) 가운데 한 사람이 되었습니다.

이처럼 어떤 사람이 처음엔 그리 잘 하는 것 같지도 않고 두각을 나타내지도 못했으나 시간이 흐를수록 점점 발전하여 나중에는 큰일을 해냈다면, 그것을 두고 대기만성(大器晚成)이라고 합니다.

대기만성이란 말을 생각한다면 평범하거나 부족한 사람이더라도 발전하여 훌륭한 인물이 될 수 있으니 누구라도 가벼이 보거나 얕잡아 보아서는 안 될 것입니다.

* 쑥쑥 자라는 어휘력 *

보좌(補佐)
윗사람 곁에서 그 일을 도움.

두각(頭角)
여럿 중에서 특히 뛰어난 학식이나 재능.

발전(發展)
어떤 상태가 더 좋은 상태로 나아감.

평범(平凡)
뛰어나거나 색다른 점이 없이 보통임.

만화로배우고

 쓰면서 익히는

대 기 만 성
大器晩成

큰(大) 그릇은(器) 늦게(晩) 이루어짐(成).

⋯▶ 큰 인물이 될 사람은 오랜 시간의 꾸준한 노력으로 이루어짐.

大 큰 대
大(큰 대)부 0획

器 그릇 기
口(입 구)부 13획

晩 늦을 만
日(날 일)부 7획

成 이룰 성
戈(창 과)부 3획

큰 대   一 ナ 大

| 大 | 大 | 大 | | | | |

그릇 기   丨 丨丨 丨丨丨 吅 吅 哭 哭 器 器

| 器 | 器 | 器 | | | | |

늦을 만   丨 丨丨 日 日' 日' 旷 晚 晚 晚

| 晩 | 晩 | 晩 | | | | |

이룰 성   一 厂 厂 成 成 成

| 成 | 成 | 成 | | | | |

59

출세의 관문

쑥쑥 자라는 어휘력

실권(實權)
실제로 행사할 수 있는 권리나 권세.

절개(節槪)
옳은 의리를 지켜 뜻을 굽히지 않는 굳은 마음이나 태도.

지조(志操)
곧은 뜻을 지켜 나가는 꿋꿋한 의지.

명성(名聲)
세상에 널리 알려져 있는 좋은 평판.

후한 말기는 환관(내시)들이 실권을 잡고 마음대로 권력을 휘두르던 때였습니다. 이때, 정의로운 관료들의 우두머리에 이응이라는 사람이 있었습니다.

이응은 한때 환관들의 미움을 사 지방으로 밀려나고 감옥까지 갔었습니다. 그러나 감옥에서 풀려나자 강력한 환관 세력과 과감히 맞서 싸웠습니다.

그는 혼탁한 관리들의 사회에서도 홀로 선현들의 가르침을 지키면서 절개와 지조를 굽히지 않고 품위를 유지했습니다. 그 때문에 그의 명성은 점점 높아져 마침내 '천하의 모범은 이응'이라는 칭송을 받았습니다.

신진 관료들은 이응의 인정을 받고 추천받는 것을 빛나는 명예로 알았습니다. 그리고 이응에게 추천을 받게 되면 출세의 길에 오른 것이나 마찬가지여서 '용문에 올랐다.'라고 하였습니다.

본래 용문이란 황하 상류에 있는 골짜기의 이름입니다. 산란기만 되면 알을 낳으려는 수천 마리의 물고기들이 이 골짜기로 몰려

들지만, 물의 흐름이 가파르고 빨라서 물고기들이 여간해선 거슬러 올라가지 못한다고 합니다. 그래서 일단 오르기만 하면 용이 되어 하늘로 올라간다는 전설이 생겼으며, 이름도 '용이 되는 문', 즉 용문이 되었다고 합니다.

결국, 이응에게 인정을 받고 추천을 받는다는 것은 매우 어려운 관문을 통과한 것이기 때문에 이 용문을 오른 것과 같다고 한 것입니다.

이처럼 등용문(登龍門)은 용문에 올라 용이 되는 물고기 이야기에서 이응의 추천을 받는 것으로 바뀌어 사용되었으며, 당나라 때에는 과거에 급제하는 것을 가리켰고, 그 후 다시 입신출세의 관문의 뜻으로 쓰이게 되었습니다.

★ 쑥쑥 자라는 어휘력 ★

전설(傳說)
전해 내려오는 이야기.

통과(通過)
시험 따위를 무사히 치르고 합격됨.

과거(科擧)
관리를 뽑기 위한 시험.

입신출세(立身出世)
성공하여 세상에 이름을 떨침.

만화로 배우고

등 용 문
登 龍 門

용문에(龍門) 오름(登).
→ 어려운 관문을 통과하여 출세의 길에 오름.

登 오를 등
癶(필발머리)부 7획

龍 용 용
龍(용 룡)부 0획

門 문 문
門(문 문)부 0획

오를 등   フ ゔ ゔ ゕ 癶 癶 癶 癶 癶 登 登 登
登　登　登

용 용   ' ㅗ ㅛ ㅕ ㅗ 立 育 育 背 背 背 龍 龍
龍　龍　龍

문 문   ｜ ｢ ｢ ｢ ｢ ｢ 門 門 門
門　門　門

마이동풍
馬耳東風

이야기를읽고

말 귀에 봄바람

쑥쑥 자라는 어휘력

재능(才能)
재주와 능력.

신세(身世)
주로 불행한 상황과 관련된 사람의 처지나 형편.

고결(高潔)
고상하고 깨끗함.

기술(技術)
어떤 일을 정확하고 능률적으로 해내는 솜씨.

침입(侵入)
침범하여 들어오거나 들어감.

당나라의 유명한 시인 이백에게는 왕십이라는 친구가 있었습니다. 왕십이는 재능을 펼치지 못하는 자신의 신세와 쓸쓸한 마음을 시로 써서 이백에게 호소하였습니다. 그래서 이백은 썰렁한 밤에 외로이 술잔을 기울이고 있을 왕십이의 모습을 그리면서 시로 답장을 썼습니다.

이백은 이 시에서 '당신과 같은 고결하고 훌륭한 인물은 지금 세상에서 받아들여지지 않는 것이 현실'이라고 위로하였습니다.

"지금은 투계(鬪鷄 : 닭싸움. 당나라 때 왕족과 귀족들 사이에서 성행한 놀이)의 기술이 뛰어난 자가 왕의 귀여움을 받아 큰 길을 으스대고 다니고, 오랑캐의 침입을 막

는 데 하찮은 공을 세운 자들이 대단한 충신인 양 날뛰는 세상이네. 당신이나 내가 어찌 그들을 흉내 낼 수 있겠는가. 우리는 차라리 햇볕 들지 않는 북쪽 창에 기대어 시나 읊으세. 그러나 우리의 작품이 아무리 훌륭해도 지금 세상에서는 찬물 한 그릇 값에도 못 미치네. 세상 사람들은 시인의 말 따위에는 귀를 기울이려 들지 않네. 마치 봄바람(동풍)이 말의 귓가를 스치는 것과 다를 바 없다네."

마이동풍(馬耳東風)은 말이 봄바람에 관심을 두지 않듯이, 남의 말을 전혀 귀담아듣지 않는 경우를 말합니다.

쑥쑥 자라는 어휘력

충신(忠臣)
충성을 다하는 신하.

시인(詩人)
시를 짓는 일을 직업으로 삼는 사람.

마 이 동 풍
馬耳東風

말(馬) 귀에(耳) 동쪽(東) 바람(風).
··→ 남의 말을 전혀 귀담아듣지 않고 흘려버림.

馬 말 마
馬(말 마)부 0획

耳 귀 이
耳(귀 이)부 0획

東 동녘 동
木(나무 목)부 4획

風 바람 풍
風(바람 풍)부 0획

말 마   丨 厂 IT F 馬 馬 馬 馬

馬 馬 馬

귀 이   一 丁 T F E 耳

耳 耳 耳

동녘 동   一 厂 冂 冃 貞 東 東

東 東 東

바람 풍   丿 几 凡 凧 凬 凮 風 風

風 風 風

67

교육을 위해서라면

쑥쑥 자라는 어휘력

철학가(哲學家)
철학에 조예가 깊은 사람.

사상가(思想家)
인생이나 사회 문제에 대하여 깊은 사상을 가진 사람.

교육(敎育)
지식이나 기술을 가르치며 인격과 체력을 기름.

  공자의 학문과 사상을 이어받은 맹자는 위대한 철학가이자 사상가입니다. 그런데 이렇게 훌륭한 분의 뒤에는 자식 교육을 위해 몸과 마음을 바친 어머니가 있었습니다.
  맹자는 가난한 집에서 태어났습니다. 아버지가 일찍 돌아가신 뒤 홀어머니 손에서 자랐습니다.
  어려서 맹자의 집은 공동묘지 근처에 있었습니다. 맹자는 늘 그곳에서 묘지를 파는 흉내를 내거나 장사 지내는 흉내를 내면서 놀았습니다. 맹자는 집에 돌아와서도,
  "아이고, 아이고."
하고 곡소리를 냈습니다.
  이렇게 흉내 내는 맹자를 본 어머니는 '이곳은 아이와 함께 살 곳이 못 되는구나.'라고 생각하였습니다. 그리하여 시장 근처로 집을 옮겼습니다. 그랬더니 맹자는 시장에서 장사꾼들이 물건을 팔고 사는 모습을 보고 배웠습니다.
  "얼마요, 얼마. 싸게 드립니다."

맹자의 이런 모습을 본 어머니는 '이곳도 살 만한 곳이 못되는구나.' 생각하고는 서당 근처로 이사를 갔습니다. 그랬더니 맹자가 서당에서 학동들이 글 읽는 것을 보고 자신도 책을 들고 다니며 읽는 시늉을 했습니다. 그제야 어머니는 이곳이야말로 아이와 함께 살 곳이라고 판단을 하고는 거기에서 살았습니다.

이 고사에서 유래한 맹모삼천(孟母三遷)은 맹자의 어머니가 맹자의 교육을 위해 세 번씩이나 이사하는 것을 말합니다. 즉 교육에 있어서 환경이 중요하고 또한 자식의 교육을 위해 몸과 마음을 바치는 부모의 노력을 뜻합니다. 그리고 이것이 후세 사람들에게 가르침이 된다고 하여 맹모삼천지교(孟母三遷之敎)라고 합니다.

◆ 쑥쑥 자라는 어휘력 ◆

서당(書堂)
지난날 동네 아이들에게 한문을 가르치던 곳.

판단(判斷)
앞뒤의 옳고 그름을 종합하여 어떤 일에 대한 자신의 생각을 정함.

맹 모 삼 천
孟母三遷

맹자(孟)의 어머니가(母) 자식 교육을 위해 세 번(三) 이사함(遷).

…▶ 어머니가 자식에게 용의주도한 교육을 베풂. 교육에는 주위 환경이 중요함.

孟 성씨 맹
子(아들 자)부 5획

母 어미 모
毋(말 무)부 1획

三 석 삼
一(한 일)부 2획

遷 옮길 천
辶, 辶(책받침)부 12획

성씨 맹　 了 子 子 孟 孟 孟 孟

孟　孟　孟

어미 모　 ㄥ ㄆ ㄆ 母 母

母　母　母

석 삼　 一 二 三

三　三　三

옮길 천　 一 一 一 一 一 西 西 西 西 栗 栗 栗 遷 遷 遷

遷　遷　遷

71

흔들림 없는 마음

쑥쑥 자라는 어휘력

덕망(德望)
덕행으로 얻은 명망.

제자(弟子)
스승의 가르침을 받는 사람.

정지(停止)
중도에서 멈추거나 그침.

　노나라의 왕태라는 사람은 뒷꿈치를 잘리는 형벌을 받아 외짝 다리였습니다. 그러나 왕태는 덕망과 학식이 높아 그를 따르는 제자들이 많았습니다.

　이를 못마땅하게 여긴 공자의 제자 상계가 공자에게 그 까닭을 물었습니다.

　"몸도 불구인 왕태는 서 있을 때나 앉아 있을 때나 학문을 가르치지도 않으며 도에 대해 이야기하지도 않습니다. 그런데도 아는 것 없는 사람들이 그에게 가면 충실해져서 돌아옵니다. 이는 무엇 때문입니까?"

　"그것은 그가 좀처럼 흔들리지 않는 평안하고 고요한 마음을 가지고 있기 때문이다. 사람들이 거울 대신 자기의 모습을 비추어 볼 수 있는 물은 흐르는 물이 아니라 고요히 정지되어 있는 물이다. 이와 마찬가지로 흔들리지 않는 마음을 간직하고 있는 사람만이 다른 사람에게 마음의 평안함과 고요함을 줄 수 있는데, 왕태가 바로 그러한 사람이다."

공자의 말은 계속 이어졌습니다.

"그는 만물을 하나로 보는 사람이다. 눈앞에 얼씬거리는 사물에 솔깃하여 마음이 흔들리는 법이 없다. 감각적이고 즐거운 것에 이끌리지 않아 덕이 조화를 이루는 상태에서 노닐기 때문에 그에게서 좋은 영향을 받아 마음이 변하는 사람들이 많은 것이다."

공자의 이 말에 상계는 비로소 품었던 감정이 풀렸습니다.

공자의 말에서 유래한 명경지수(明鏡止水)는 맑은 거울과 고요한 물처럼 나쁜 생각, 거짓으로 꾸밈, 헛된 욕심 등으로 흔들림이 없는 '맑고 깨끗한 심경'을 뜻하는 말입니다.

✽ 쑥쑥 자라는 어휘력 ✽

만물(萬物)
세상에 있는 모든 것.

조화(造化)
대자연의 이치.

영향(影響)
다른 것에 어떤 작용을 미치어 반응이나 변화를 주는 일.

명 경 지 수
明鏡止水

맑은(明) 거울과(鏡) 조용하고 잠잠한(止) 물(水).
⋯ 흔들림 없는 맑고 고요한 심경.

明 밝을 명
日(날 일)부 4획

鏡 거울 경
金(쇠 금)부 11획

止 그칠 지
止(그칠 지)부 0획

水 물 수
水(물 수)부 0획

밝을 **명**　｜ 冂 日 日 田 明 明 明

明　明　明

거울 **경**　｜ 亠 亼 牟 金 金 金⁻ 釒 鋅 鏡 鏡 鏡

鏡　鏡　鏡

그칠 **지**　｜ ㅏ ㅏ 止

止　止　止

물 **수**　亅 ㇆ 水 水

水　水　水

창과 방패

쑥쑥 자라는 어휘력

선전(宣傳)
어떤 일이나 주장 등을 많은 사람에게 설명하여 널리 알림.

견고(堅固)
굳세고 튼튼함.

전국 시대, 초나라의 한 장사꾼이 시장에서 창과 방패를 늘어놓고 팔고 있었습니다.

그는 잔뜩 신이 난 목소리로 한껏 목청을 돋우어 물건을 선전하였습니다.

"자, 제 손에 들려 있는 창을 보십시오. 이 창으로 말할 것 같으면 어찌나 날카롭고 단단한지, 이 창에 찔리면 제 아무리 튼튼한 방패라도 뚫리고 맙니다."

또, 방패를 들어 보이면서 떠들어 댔습니다.

"이번에는 방패를 보십시오. 이 방패로 말할 것 같으면 얼마나 견고하고 튼튼한지, 이 방패를 뚫을 수 있는 창은 이 세상에 없습니다."

라고 큰소리로 외쳤습니다.

이 장사꾼의 이야기를 가만히 듣고 있던 한 사람이 고개를 갸웃거리면서 물었습니다.

"여보시오. 당신의 말은 앞뒤가 맞질 않소. 이 창으로는 어떤 방

패도 뚫을 수 있다고 해 놓고, 다음에는 그 방패로 어떤 창이라도 막을 수 있다고 하니 이상하지 않소? 어디 한 번 당신이 들고 있는 창으로 이 방패를 뚫어 보시오. 어떻게 되는지……."
이 말에 장사꾼은 자신의 말의 앞뒤가 맞지 않음을 깨닫고 말문이 막혀 눈을 희번덕거리고 있다가 서둘러 달아나 버렸습니다. 그리고 주변 사람들에게 한바탕 웃음거리만 되고 말았습니다.

모순(矛盾)은 원래 '창과 방패'를 뜻하는 말이지만, 이 고사에서 유래하여 행동이나 말의 앞뒤가 서로 맞지 않는 것을 일컬을 때 쓰이게 되었습니다.

쑥쑥 자라는 어휘력

자신(自身)
자기. 제 몸.

주변(周邊)
어떤 대상의 둘레나 부근.

행동(行動)
몸을 움직여서 동작하거나 어떤 일을 하는 것.

모 순
矛 盾

창과(矛) 방패(盾).
··→ 말이나 행동의 앞뒤가 서로 맞지 않음.

矛 창 모
矛(창 모)부 0획

盾 방패 순
目(눈 목)부 4획

창 모   ㄱ ㄲ ㄲ 予 矛

방패 순   ㄧ ㄏ ㄏ 戶 斤 斤 盾 盾 盾

문경지교 刎頸之交

사사로운 원한은 뒷전

★ 쑥쑥 자라는 어휘력

공로(功勞)
어떤 일에 이바지한 노력과 공적.

명장(名將)
뛰어난 장군. 이름난 장수.

외출(外出)
집이나 근무지 등에서 볼일을 보러 잠시 밖으로 나감.

실망(失望)
희망을 잃음.

　전국 시대 때 조나라의 혜문왕이 '화씨지벽'이라 불리는 값진 구슬을 손에 넣었습니다. 그러자 진나라의 소양왕이 이것을 빼앗으려고 속임수를 썼습니다. 그렇지만 조나라에는 인상여라는 정치가가 있어서 이 화씨지벽을 지킬 수가 있었습니다. 이 공로로 명장 염파보다 인상여의 지위가 높아지게 되자, 화가 난 염파 장군이 말했습니다.

　"나는 조나라의 장군으로서 싸움터를 누비며 성을 빼앗고 적을 무찔러 공을 세웠다. 그런데 인상여란 놈은 입만 나불거렸을 뿐인데 지위가 나보다 높다니, 내 그놈을 만나면 망신을 주고 말테다."

　인상여는 그 말을 듣고 그와 마주치지 않도록 일부러 피해 다녔습니다. 어느 날 외출했다가 돌아오는 길에 염파가 오는 것을 보았습니다. 인상여는 즉시 수레를 돌려 곁길로 숨어 버렸습니다. 이 같은 인상여의 행동에 실망한 부하가 말했습니다.

　"지금 대감님이 염파의 지위로 보아 조금도 거리낄 필요가 없을 텐데, 무엇이 두려워 비겁한 태도를 보이십니까?"

"그대들은 염파 장군과 진나라 왕 중 어느 쪽이 무서운가?"

"그야 물론 진나라 왕이 무섭지요."

"강국인 진나라가 쳐들어오지 못하는 것은 우리 조나라에 염파 장군과 내가 있기 때문일세. 그런데 우리 두 호랑이가 싸운다면 결국 모두 망하게 될 것이네. 내가 염파 장군을 피하는 것은 나라의 위기를 생각해 사사로운 원한을 뒷전으로 돌리려는 것이지, 결코 그가 두려워서 그런 것이 아니네."

이런 인상여의 속마음을 전해 들은 염파는 웃통을 벗고 태형에 쓰는 가시나무를 등에 짊어지고 인상여를 찾아가, 무릎을 꿇고 사죄하며 용서를 빌었습니다.

이로부터 두 사람은 목이 달아나도 변치 않을 깊은 우정, 즉 문경지교(刎頸之交)를 맺었다고 합니다.

쑥쑥 자라는 어휘력

위기(危機)
위험한 때나 고비.

원한(怨恨)
원통하고 억울한 일을 당하여 가슴 깊이 맺힌 한스러운 생각.

사죄(謝罪)
지은 죄에 대해 용서를 빎.

문 경 지 교
刎頸之交

목을(頸) 베어도(刎) 변치 않을 굳은(之) 사귐(交).

··· 생사를 같이 할 수 있는 깊은 우정.

刎 목 벨 문
刀, 刂(칼 도)부 4획

頸 목 경
頁(머리 혈)부 7획

之 어조사 지
丿(삐침 별)부 3획

交 사귈 교
亠(돼지해머리)부 4획

목 벨 문　丿 勹 勺 刎 刎

刎	刎	刎					

목 경　⌐ ⌐⌐ ⌐⌐⌐ 조 죄 頸

頸	頸	頸					

어조사 지　丶 亠 ㇈ 之

之	之	之					

사귈 교　丶 亠 亠 六 亣 交

交	交	交					

83

안회와 자공

공자의 제자인 자공은 공자의 여러 제자들 중에 말솜씨가 좋아 외교에 뛰어났습니다. 또한 재산 관리를 잘하여 공자학파에 재정적인 뒷받침을 해 주었습니다.

그는 여러 제후들로부터 인정을 받았으며, 외교적 재능을 발휘해서 노나라를 안정시켰습니다. 이렇게 뛰어난 자공이었지만, 공자는 자공을 안회보다 못하게 여겼습니다.

어느 날 공자께서 자공에게 이렇게 물으셨습니다.

"너와 안회 중에 누가 더 낫다고 생각하느냐?"

"제가 어떻게 감히 안회와 비교되겠습니까? 안회는 하나를 들으면 열을 알지만, 저는 하나를 들으면 둘을 알 따름입니다."

자공이 이토록 칭찬했던 안회는 공자의 제자 중에 가장 총명하면서도 말수가 적고 침착하여 배운 대로 실천하는 영리한 사람이었습니다.

공자도 일찍이 안회에 대해 '처음에는 말도 않고 있어서 어리석은 줄 알았으나, 그 행하는 바를 살펴보니 나의 말을 전부 이해하여

쑥쑥 자라는 어휘력

외교(外交)
다른 나라와의 교제.

재산(財産)
개인이나 단체가 소유하는 재화와 자산.

안정(安定)
흔들림이 없이 일정한 상태를 유지함.

총명(聰明)
보고 들은 것에 대한 기억력이 좋음. 영리하고 재주가 있음.

실천(實踐)
실제로 이행함.

이해(理解)
사리를 깨달아서 앎.

실천하고 있었다.'라며 칭찬을 하였습니다.
  그런 안회가 32세로 죽자, 공자는
"하늘이 나를 버리셨구나."
하며 친자식을 잃은 이상으로 슬퍼하였습니다.

  문일지십(聞一知十)은 하나를 들으면 열을 안다는 뜻으로 '매우 총명함'을 일컫는 말입니다.
  이렇게 하나를 듣고 열을 아는 것은 보통 사람보다 훨씬 뛰어난 자질로서 태어나면서부터 아는 것의 다음이고, 하나를 듣고 둘을 아는 것은 보통 사람 이상의 자질로서 배워서 아는 자질입니다. 대개 보통 사람들도 배워서 아는 자질을 가지고 있는데 하나를 듣고 하나만 잘 알아도 눈부신 발전이 가능합니다. 그러나 마음만은 하나를 듣고 열을 미루어 알겠다는 자세로 배움에 힘써야 합니다.

쑥쑥 자라는 어휘력

자질(資質)
타고난 성품과 바탕.

가능(可能)
할 수 있거나 될 수 있음.

자세(姿勢)
무슨 일에 대하는 마음가짐.

만화로 배우고

문 일 지 십
聞一知十

한 가지를(一) 듣고서(聞) 열 가지를(十) 미루어 앎(知).

···▶ 일부분을 듣고 다른 모든 일을 이해한다는 뜻으로 매우 총명함을 이르는 말.

聞 들을 문
耳(귀 이)부 8획

一 한 일
一(한 일)부 0획

知 알 지
矢(화살 시)부 3획

十 열 십
十(열 십)부 0획

들을 문　丨 丨' 丨'' 丨''' 門 門 門 門 開 開 開 聞

聞	聞	聞						

한 일　一

一	一	一						

알 지　丿 乍 仁 ⾱ 矢 矢 知 知

知	知	知						

열 십　一 十

十	十	十						

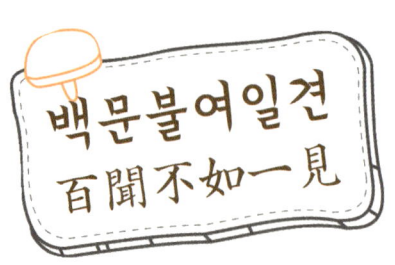

직접 보는 것이 최고

쑥쑥 자라는 어휘력

변경(邊境)
나라와 나라의 경계가 되는 변두리 지역.

대책(對策)
어떤 일에 대응하는 방책.

파견(派遣)
어떤 업무를 맡겨 사람을 보냄.

원기(元氣)
본래 타고난 기운. 또는 몸과 마음의 활동력.

지형(地形)
땅의 생긴 모양.

　전한의 선제 때였습니다. 서북방의 이민족인 강족이 변경에 침입하여 성을 빼앗고는 수비하는 관원이나 주민을 마구 죽이는 사건이 일어났습니다.
　선제는 여러 신하를 불러 모아 대책을 의논한 결과, 토벌군을 파견하기로 결정했습니다. 그리고 토벌군 사령관으로 누가 마땅한지 조충국에게 물어 보기로 했습니다. 조충국은 일찍이 무제 때에 흉노와 싸워 많은 공을 세운 장수로서, 벌써 일흔이 넘었지만 아직 원기가 왕성하였습니다.
　"신은 비록 늙었지만 나보다 나은 사람은 없습니다. 강족을 치는 데 있어 신보다 나은 사람이 어디 있겠습니까?"
하고 대답했습니다.
　"그럼, 대체 어느 정도의 병력이 필요하오?"
　"군사 일이란 멀리 떨어져서는 계획을 짜기 어려운 법입니다. 백 번 듣는 것이 한 번 보는 것만 같지 못합니다. 신이 급히 싸움터로 달려가 그곳 지형을 살핀 뒤에 말씀 드리겠습니다."

군사를 이끌고 현지로 들어간 조충국은 우선 첫 상대로 강족의 소부대를 완전히 멸망시켰습니다. 이에 부하들이 앞으로 나아가 적을 치자고 주장했지만 조충국은 미루었습니다.

"으쓱한 마음으로 맹목적으로 앞으로 나아갔다가 숨어 있는 적에게 갑자기 습격이라도 당하면 어찌하겠느냐? 작은 승리에 우쭐해져서는 안 된다."

조충국은 땅의 형세와 적의 정세를 자세히 살피고, 아울러 포로들로부터 정보를 정확히 캐냈습니다. 그런 다음, 강족을 격파할 치밀한 작전 계획을 세워 선제에게 보고했습니다. 이러한 조충국의 책략은 바로 맞아떨어져 강족과의 오랜 싸움은 순식간에 평정되었습니다.

조충국의 말에서 유래한 백문불여일견(百聞不如一見)은 무엇이든지 직접 경험해 보아야 확실히 알 수 있다는 말입니다.

쑥쑥 자라는 어휘력

현지(現地)
현재 어떤 일이 벌어지고 있는 곳.

습격(襲擊)
갑자기 상대편을 덮치어 공격함.

작전(作戰)
싸움이나 경기의 대책을 세움.

평정(平定)
평온하게 진정시킴.

백문불여일견
百聞不如一見

백 번(百) 듣는 것이(聞) 한 번(一) 보는 것만(見) 같지(如) 못함(不).

…▶ 무엇이든지 직접 경험을 해야 확실히 알 수 있음.

百 일백 백 白(흰 백)부 1획	聞 들을 문 耳(귀 이)부 8획	不 아닐 불 一(한 일)부 3획
如 같을 여 女(계집 녀)부 3획	一 한 일 一(한 일)부 0획	見 볼 견 見(볼 견)부 0획

일백 백 一 ァ ナ 丙 百 百

百 百 百

들을 문 ｜ ｜' ｜'' ｜''' 門 門 門 閂 閏 閏 聞

聞 聞 聞

아닐 불 一 ァ 刁 不

不 不 不

같을 여 ㄑ ㄥ 女 女 如 如

如 如 如

한 일 一

一 一 一

볼 견 ｜ 冂 冂 月 目 貝 見

見 見 見

양유기의 활 솜씨

쑥쑥 자라는 어휘력

공터(空-)
빈 땅.

표적(標的)
목표가 되는 물건.

중심(中心)
한가운데.

명수(名手)
어떤 방면에 뛰어난 솜씨를 가진 사람.

춘추 시대 초나라에 양유기라는 사람이 있었는데 활쏘기를 잘하였을 뿐만 아니라 어깨 힘도 대단하여 쏜 화살이 소리보다 먼저 날아갔다고 합니다.

어느 날, 근처의 젊은이들이 마을 앞 공터에 모여 활쏘기를 했습니다. 오십 보 떨어진 곳에 설치된 표적을 향해 한 사람이 세 개씩 화살을 쏘았습니다. 화살이 표적의 중심에 맞으면 구경꾼들은 박수를 치며 소리를 질렀습니다.

이를 보고 있던 양유기가 앞으로 나오며 말했습니다.

"오십 보밖에 떨어져 있지 않은 표적을 맞히는 것은 별로 신통할 것이 없네."

이렇게 말한 양유기는 백 보 떨어져 있는 버드나무잎 하나에 붉은 표시를 하고는 젊은이들을 둘러보았습니다.

"이것을 쏘아 맞히는 자야말로 활의 명수라 할 수 있네."

솜씨를 자랑하는 자가 잇따라 나와 쏘았으나, 맞히기는커녕 잎 하나 건드리지도 못했습니다.

그때 양유기가 유유히 앞으로 나왔습니다. 그는 활시위에 화살을 메겨 한 치의 오차도 없이 나뭇잎의 붉은 표적을 보기 좋게 쏘아 맞혔습니다. 일제히 감탄하는 소리가 울려 퍼졌습니다. 그러나 사람들은 말했습니다.

"저건 아마 요행으로 맞힌 게 틀림없어."

이 말을 들은 양유기는 잇따라 다른 잎에 표시를 하게 하고는 화살을 쏘아 겨냥한 곳에 모두 바로 맞혔습니다. 단숨에 백 개를 쏘아 모두 바로 맞혔습니다. 이를 보고 있던 사람들은 너무 놀라 숨소리도 내지 못했습니다.

이처럼 백 번 쏘아 백 번 맞히는 것을 백발백중(百發百中)이라고 합니다. 원래는 활쏘기에서만 쓰던 말이었지만, 지금은 모든 일이 미리 생각한 대로 꼭꼭 들어맞거나 하는 일마다 실패 없이 잘 된다는 뜻으로 쓰입니다.

• 쑥쑥 자라는 어휘력 •

오차(誤差)
관측하거나 계산한 값과 그 정확한 값과의 차이.

감탄(感歎)
마음에 깊이 느끼어 탄복함.

요행(僥倖)
뜻밖의 행운.

만화로 배우고

백발백중
百發百中

백 번(百) 쏘아(發) 백 번(百) 맞힘(中).
→ 계획한 일마다 생각하는 대로 들어맞음.

百 일백 백
白(흰 백)부 1획

發 쏠 발
癶(필발머리)부 7획

百 일백 백
白(흰 백)부 1획

中 맞힐 중
丨(뚫을 곤)부 3획

일백 **백**　一 ア 丆 丙 百 百

百　百　百

쏠 **발**　フ ㇒ 癶 癶 癶 癶 發 發 發 發

發　發　發

일백 **백**　一 ア 丆 丙 百 百

百　百　百

맞힐 **중**　丨 冂 口 中

中　中　中

천하장사 항우의 최후

쑥쑥 자라는 어휘력

불리(不利)
이롭지 아니함.

평화(平和)
평온하고 화목한 상태.

분명(分明)
흐리지 않고 또렷함.

후환(後患)
뒷날에 생기는 걱정이나 근심.

추격(追擊)
도망하는 적이나 범인 등을 뒤쫓아 가며 공격함.

포위(包圍)
둘레를 에워쌈.

  초나라 항우와 한나라의 유방이 벌인 5년 전쟁이 거의 막바지에 이르렀을 때였습니다. 전쟁 초기와는 반대로 형세는 이미 항우에게 매우 불리하였습니다. 항우는 유방에게 전쟁을 중지하고 평화를 청하여, 홍구 땅을 중심으로 서쪽은 한나라가 차지하고 동쪽은 초나라가 차지하기로 하였습니다.

  그래서 한나라 유방이 군대를 이끌고 서쪽으로 돌아가려 하자, 참모인 장량과 진평이 말했습니다.

  "지금이야말로 한나라와 초나라의 세력 차이가 분명하게 납니다. 당장 항우를 치지 않으면 호랑이를 길러 후환을 남기는 꼴이 됩니다."

  이리하여 유방은 말 머리를 돌려 항우를 추격했습니다. 항우의 군사는 해하까지 쫓겨왔으며 병력마저 반으로 줄었습니다. 게다가 한나라 군사가 성을 몇 겹으로 포위하여 식량도 차츰 바닥나기 시작했습니다. 항우는 몇 번이고 군대를 이끌고 나가 공격했지만 도저히 포위망을 뚫을 수가 없었습니다.

어느 날 밤, 항우는 깜짝 놀랐습니다. 사방에서 초나라 노랫소리가 들려오는 것이었습니다. 이 노랫소리를 들은 초나라 군사들은 고향 노래를 같이 따라 부르거나, 고향에 두고 온 식구들을 생각하며 눈물을 흘렸습니다. 이는 초나라 군사의 사기를 꺾기 위한 한나라 장량의 술책이었습니다.

그러나 그런 줄 모르는 초나라 군사들은 마음이 동요되어 어둠을 타서 도망치는 자, 항복하는 자가 많이 나왔습니다.

그날 밤, 항우는 사랑하는 말 오추에 올라타고 적의 진영으로 돌진하여 포위망을 돌파하였으나, 혼자 살아 돌아가는 것이 부끄러워 그만 스스로 목숨을 끊고 말았습니다.

이 고사에서 유래한 사면초가(四面楚歌)는 사방에서 초나라의 노랫소리가 들린다는 뜻으로, 사방이 모두 적으로 둘러싸여 고립 상태에 빠진 것을 가리키는 말이 되었습니다.

쑥쑥 자라는 어휘력

술책(術策)
어떤 일을 꾸미기 위한 꾀.

동요(動搖)
움직이고 흔들림. 불안한 상태에 빠짐.

항복(降伏)
적이나 상대편에게 져서 굴복함.

사면초가 四面楚歌

사방에서(四面) 초나라의(楚) 노랫소리가(歌) 들림.
···▶ 적에게 둘러싸여 고립된 상태.

四 사방 사
口(큰입구몸)부 2획

面 방향 면
面(낯 면)부 0획

楚 초나라 초
木(나무 목)부 9획

歌 노래 가
欠(하품 흠)부 10획

사방 사 ㅣ 冂 冈 四 四
四 四 四

방향 면 一 丆 丆 而 而 面 面
面 面 面

초나라 초 一 十 十 十 十 十 林 梺 梺 梺 楚 楚
楚 楚 楚

노래 가 一 可 哥 哥 哥 歌 歌
歌 歌 歌

제갈량을 얻은 유비

쑥쑥 자라는 어휘력

계책(計策)
어떤 일을 이루기 위한 꾀와 방법.

고심(苦心)
몹시 마음을 태움.

의논(議論)
어떤 일에 대하여 서로 의견을 주고받음.

초막(草幕)
풀이나 짚으로 지붕을 이은 조그만 오두막집.

후한 말기, 관우와 장비의 도움으로 차차 두각을 나타내기 시작한 유비는 군기를 잡고 계책을 세워 전군사를 거느릴 장군이 없어 늘 고심하고 있었습니다. 그러던 어느 날 사마휘를 만나 그 일을 의논하자, 사마휘가 이렇게 말했습니다.

"귀공은 부하들을 마음대로 다룰 수 있는 인재만 손에 넣는다면 뜻을 마음대로 펼칠 수 있을 것이오."

"그 인재란 누구를 말씀하십니까?"

"글쎄요. 복룡이나 봉추 중 한 사람만이라도 얻을 수 있으면 좋을 텐데 말이오."

"그들은 대체 누구를 말하는 겁니까?"

사마휘는 말꼬리를 흐리고 가르쳐 주지 않았습니다.

그러나 그 이후 유비의 머릿속에서는 한시도 그 말이 떠나지 않았습니다. 그러다 우연히 복룡이 제갈량으로 자는 공명이라는 것을 알았습니다.

유비는 즉시 공명의 초막을 찾아갔으나 공명은 집에 없었습니

다. 며칠 후에 다시 찾아갔으나 또 없었습니다. 화가 난 관우와 장비가 온갖 말을 다하여 말렸지만, 유비는 단념하지 않고 세 번째로 공명의 초막을 찾아가 공명을 만났습니다. 유비는 그에게 군사가 되어 달라고 간청했습니다.

열성을 다하는 유비의 모습에 공명도 감격하여 마침내 유비를 섬길 것을 승낙하였습니다. 후에 공명은 당시의 심정을 이렇게 이야기했습니다.

"신은 원래 신분이 낮고 시골에 묻혀 사는 서생임에도 불구하고, 몸을 낮추시고 여러 번 초막으로 찾아 주셔서 신에게 함께 일해 줄 것을 부탁하셨습니다. 신은 이에 감격하여 있는 힘을 다하여 돕기로 했던 것입니다."

이후 삼고초려(三顧草廬)는 뛰어난 인재를 얻기 위해 수고를 아끼지 않음을 가리키게 되었습니다.

쑥쑥 자라는 어휘력

군사(軍師)
전장에서 대장을 따라 다니며 작전이나 계략을 궁리해 내는 사람.

간청(懇請)
간절히 부탁함.

승낙(承諾)
청하는 바를 들어줌.

심정(心情)
마음에 품은 생각과 감정.

만화로 배우고

삼 고 초 려
三顧草廬

풀로 엮은(草) 오두막을(廬) 세 번이나(三) 찾아감(顧).
···▶ 인재를 맞아들이기 위해 진심으로 힘씀.

三 석 삼
一(한 일)부 2획

顧 돌아볼 고
頁(머리 혈)부 12획

草 풀 초
艹, ⺾(풀 초)부 6획

廬 초막 려
广(엄호)부 16획

석 삼　一 二 三

三	三	三				

돌아볼 고　⺈ 厂 厂 厏 厏 雇 雇 雇 顧 顧 顧 顧

顧	顧	顧				

풀 초　一 十 艹 艹 芍 苩 昔 草 草

草	草	草				

초막 려　丶 亠 广 广 庐 庐 庐 虍 虎 盧 盧 盧 廬

廬	廬	廬				

103

새옹지마
塞翁之馬

이야기를 읽고

앞날을 알기는 어려워

✱ 쑥쑥 자라는 어휘력 ✱

노인(老人)
나이가 많은 사람.

위로(慰勞)
수고나 괴로움을 잊게 하여 마음을 편하게 함.

축하(祝賀)
남의 좋은 일을 기뻐함.

재앙(災殃)
뜻하지 않게 생긴 몹시 불행한 사고.

중국의 북쪽 변방에 앞날을 잘 내다보는 신통한 노인이 살고 있었습니다. 어느 날 그의 말이 이유도 없이 오랑캐 땅으로 도망갔습니다. 동네 사람들이 찾아와 위로해 주었지만, 노인은 아무렇지도 않다는 듯이 말했습니다.

"이것이 복이 될 줄 어찌 알겠소?"

몇 달 후, 과연 그 말은 오랑캐의 준마와 짝을 지어 돌아왔습니다. 이번엔 동네 사람들이 모두 축하해 주었지만 노인은 달갑지 않게 말했습니다.

"이것이 재앙이 될 줄 누가 알겠소?"

두 마리 말은 새끼를 계속 낳아 말이 늘어났습니다. 어느 날, 말 타기를 좋아한 노인의 아들이 말을 타다 그만 떨어져 다리뼈가 부러졌습니다. 사람들이 모두 위로해 주자 노인은 담담하게 말했습니다.

"이것이 복이 될 줄 또 어찌 알겠소?"

1년이 지난 뒤, 오랑캐가 쳐들어왔습니다. 젊은이들은 모두 전장에 나아가 싸우니, 국경 가까이 사는 마을의 젊은이 가운데 열에 아홉은 죽었습니다. 그런데 아들은 다리를 절어 싸움터에 나가지 못했기 때문에 무사할 수 있었습니다.

변방에 살았던 한 노인이 말로 인해 길흉화복이 꼬리에 꼬리를 물고 이어졌다고 하는 이 고사에서 새옹지마(塞翁之馬)라는 말이 나왔습니다. 이는 당장에는 복인 줄 알았던 일이 화의 씨앗이 되고, 화인 줄 알았던 일이 오히려 복이 되니 인생의 길흉화복은 미리 헤아릴 수 없음을 말합니다.

이 이야기 속에는 사람이 살다 보면 누구에게나 복이 오기도 하며 재앙이 닥치기도 하는데, 복이 왔을 때 자만하면 이것이 오히려 화가 될 수 있고, 재앙이 닥쳤을 때라도 좌절하지 않고 꿋꿋이 살아간다면 좋은 일이 생길 수 있다는 깊은 교훈이 담겨 있습니다.

쑥쑥 자라는 어휘력

길흉화복(吉凶禍福)
길함과 흉함과 재앙과 행복, 곧 '사람의 운수'를 이르는 말.

자만(自慢)
남 앞에서 뽐내고 자랑하여 오만하게 행동함.

좌절(挫折)
마음이나 기운이 꺾임.

교훈(敎訓)
사람으로서의 나아갈 길을 바르게 하도록 가르침.

만화로 배우고

새옹지마
塞翁之馬

변방(塞) 늙은이(翁)의(之) 말(馬).
→ 인생의 길흉화복은 일정하지 않아 미리 예측할 수 없으니 재앙도 슬퍼할 게 못 되고 복도 기뻐할 게 없음.

塞 변방 새
土(흙 토)부 10획

翁 늙은이 옹
羽(깃 우)부 4획

之 어조사 지
丿(삐침 별)부 3획

馬 말 마
馬(말 마)부 0획

변방 새   丶宀宁宵宵宪寒寒塞塞
塞 塞 塞

늙은이 옹   ノ八公公今券翁翁
翁 翁 翁

어조사 지   丶亠之
之 之 之

말 마   丨厂厂厅厓馬馬馬馬馬
馬 馬 馬

수주대토
守株待兎

이야기를읽고

어리석은 농부

쑥쑥 자라는 어휘력

농부(農夫)
농업에 종사하는 사람.

그루터기
풀이나 나무 따위를 베어 내고 남은 아랫부분.

쟁기
말이나 소에 끌려 논밭을 가는 데 쓰는 연장.

행운(幸運)
좋은 운수. 또는 행복한 운수.

　춘추 전국 시대 때, 송나라에 아주 부지런한 농부가 살고있었습니다. 농부는 항상 아침 일찍 일어났으며, 하루 종일 밭에 나가 일을 했습니다.

　하루는 이 농부가 여느 날처럼 부지런히 밭을 갈고 있는데, 풀숲에서 갑자기 토끼 한 마리가 튀어나왔습니다. 그리고는 그대로 달려가 밭가에 있는 나무 그루터기를 스스로 들이받고 죽어 버렸습니다. 농부는 깜짝 놀랐지만, 결국 힘들이지 않고 토끼 한 마리를 잡게 되었습니다.

　이때부터 이 농부는 밭을 갈 생각을 하지 않았습니다. 쟁기를 받치고 앉아 나무 그루터기만 지키면서 토끼가 다시 와 부딪히기를 기다렸습니다. 행운이 저절로 다시 찾아오기만을 바란 것입니다.

　그러나 토끼는 두 번 다시 나타나지 않았습

니다. 그 사이에 밭은 황폐해져서 쑥대밭이 되고 말았습니다. 그리하여 농부는 온 나라의 웃음거리가 되었습니다.

그루터기를 지켜보며 토끼를 기다린다는 뜻의 수주대토(守株待兎)는 요행으로 토끼 한 마리를 잡고는 그것을 또 기대한다는 의미로, 앉아서 일이 성취되기만을 기다리는 어리석음을 비웃는 말입니다.

이 농부 이야기에는 두 가지의 뜻이 담겨 있습니다. 하나는 '노력하지 않고 이득을 보려는 생각 따위는 하지 말라.'라는 교훈이고, 또 하나는 '시세의 변화를 모르고 언제까지나 낡은 방법을 지키려고 하는 융통성 없는 고집'의 비유입니다.

• 쑥쑥 자라는 어휘력 •

황폐(荒廢)
집이나 땅 따위를 그냥 버려 두어 거칠고 못 쓰게 됨.

쑥대밭
크게 파괴되어 못쓰게 된 모양을 비유하여 이르는 말.

변화(變化)
사물의 모양, 성질, 상태 등이 달라짐.

수 주 대 토
守株待兎

그루터기를(株) 지키면서(守) 토끼를(兎) 기다림(待).

···▶ 낡은 습관을 굳게 지켜 시대에 대응하는 능력이 없음.

守 지킬 수
宀(갓머리)부 3획

株 그루 주
木(나무 목)부 6획

待 기다릴 대
彳(두인변)부 6획

兎 토끼 토
儿(어진사람인발)부 6획

지킬 수　丶宀宀宁守守

守　守　守

그루 주　一十才木朾朱株株株

株　株　株

기다릴 대　丶彳彳彳彳待待待

待　待　待

토끼 토　一丆丆丆丏兎兎

兎　兎　兎

제나라 영공의 이중인격

✦ 쑥쑥 자라는 어휘력

취미(趣味)
본업이나 전문으로 하는 일은 아니나 재미를 즐기거나 좋아하는 일.

남장(男裝)
여자가 남자처럼 차림.

명령(命令)
윗사람이 아랫사람에게 시킴.

　춘추 시대 제나라의 영공은 별난 취미를 가지고 있었습니다. 여자에게 남장시키기를 좋아하여 궁중에 있는 미인들을 남자처럼 꾸며 놓고 보면서 재미있어했습니다. 그런데 이 같은 일은 대궐 안에만 머물지 않고 백성들에까지 퍼져, 제나라에는 거리마다 남장한 여인들로 넘쳐 났습니다.

　이에 놀란 영공은 궁중 밖에서는 여자가 남장을 못하도록 명령을 내렸습니다. 그렇지만 궁중에서는 여전히 여자들이 남장을 하고 다녔으므로, 궁 밖의 여인들이 이 명령을 따를 리 없었습니다.

　영공은 자기의 명령이 지켜지지 않는 것을 보고 이상하게 여기고 그 이유를 재상인 안자에게 물었습니다. 안자는 대답했습니다.

　"전하께서는 궁중의 여자들은 남장을 할 수 있게 허락하시면서 백성들은 못하도록 하셨습니다. 이것은 양의 머리를 문 밖에 걸어 놓고 안에서는 개고기를 파는 것과 조금도 다르지 않습니다. 전하께서는 어찌하여 궁중에서도 여자가 남장을 못하도록 하시지 않으십니까? 그렇게 하신다면 밖에서도 감히 여자가 남장을 하

지 못할 것이옵니다."
 이에 영공은 '과연 그렇구나.' 하고 즉시 궁중에도 남장을 하지 못하게 했습니다. 그러자 한 달도 채 지나지 않아 이 유행은 없어졌습니다.

 안자는 군주의 이중인격적인 행위를 '문 밖에는 양의 머리를 걸어 놓고 안에서는 개고기를 파는 것'에 비유하여 이야기한 것입니다. 이와 같이 겉으로는 좋은 물건을 내걸어 놓고 안에서는 나쁜 물건을 파는 경우, 겉은 훌륭해 보이나 속은 형편없는 경우, 겉과 속이 일치하지 않는 경우 등을 양두구육(羊頭狗肉)이라고 합니다.

◆ 쑥쑥 자라는 어휘력 ◆

유행(流行)
옷이나 말투, 생활 양식 등에 대한 새로운 현상이 한동안 사회에 널리 퍼지는 것. 또는 그런 현상.

이중인격(二重人格)
한 사람이 전혀 다른 두 가지 성격을 지니고 때때로 다른 사람처럼 행동하는 것.

형편없는(形便--)
일이 되어 가는 모양이나 결과 따위가 매우 좋지 못한.

만화로 배우고

양 두 구 육
羊頭狗肉

양의(羊) 머리를(頭) 걸어 놓고 개고기를(狗肉) 팖.
→ 겉은 훌륭하지만 속이 변변치 않음.
  겉과 속이 일치하지 않음.

羊 양 양
羊(양 양)부 0획

頭 머리 두
頁(머리 혈)부 7획

狗 개 구
犬, 犭(개 견)부 5획

肉 고기 육
肉(고기 육)부 0획

양 양　　丶丷兰半羊
羊　羊　羊

머리 두　一ㄇ口日豆豆頭頭頭頭
頭　頭　頭

개 구　ノ丬犭犭狗狗狗
狗　狗　狗

고기 육　丨冂内内肉肉
肉　肉　肉

대들보 위의 도둑

▸ 쑥쑥 자라는 어휘력

공평(公平)
어느 한쪽에 치우침이 없이 공정함.

흉년(凶年)
농사가 잘되지 못한 해.

근엄(謹嚴)
매우 점잖고 엄함.

표정(表情)
마음속의 생각이나 느낌이 얼굴에 나타난 상태.

군자(君子)
학문과 덕이 높고 행실이 바르며 품위를 갖춘 사람.

후한 말기에 진식이란 사람이 있었습니다. 그는 젊었을 때부터 학문을 좋아하고 성품이 너그러웠으며 일 처리도 올바르고 공평하게 하였습니다.

그가 태구현의 현령으로 있던 어느 해였습니다. 그해에는 크게 흉년이 들어 백성들의 생활이 무척 쪼들렸습니다.

어느 날 밤, 도둑 하나가 몰래 진식의 방에 들어와 대들보 위로 올라가 숨었습니다. 진식은 그것을 보았으나 못 본 척하면서 곧 자세를 바르게 하고 아들과 손자를 불렀습니다. 그러더니 근엄한 표정으로 아들과 손자에게 이야기를 시작하였습니다.

"무릇 사람이란 스스로 부지런하지 않으면 안 되느니라. 착하지 않은 사람도 본래부터 그러한 것은 아니다. 평소의 잘못된 습관이 성격으로 형성되어 악하게 되는 것이니, 저기 대들보의 위에 있는 군자가 바로 그런 경우이니라."

대들보 위에 숨어 있던 도둑은 깜짝 놀랐습니다. 그는 스스로 내려와 이마를 조아리고 자기의 잘못을 빌었습니다. 진식은 천천히

도둑에게 타일렀습니다.

"그대의 모습을 보아하니 나쁜 사람 같지는 않구나. 그러니 깊이 반성하여 착하게 사는 것이 마땅할 것이다. 그리고 이 일은 가난으로 해서 일어난 것이니 비단 두 필을 주겠다."

그 일이 있은 후부터 태구현에서는 더 이상 도둑질하는 사람이 없었다고 합니다.

우리가 도둑을 일컬을 때 쓰는 양상군자(梁上君子)란 말은 이처럼 진식이 집안에 몰래 숨어든 도둑을 가리켜 한 말에서 유래하였습니다. 한편, 대들보 위나 천정에 사는 쥐들을 양상군자라 부르기도 합니다.

★ 쑥쑥 자라는 어휘력 ★

반성(反省)
자기의 언행에 대해 옳고 그름을 깨닫기 위해 스스로 돌이켜 살핌.

양 상 군 자
梁上君子

대들보(梁) 위의(上) 군자(君子).
⋯► 집 안에 들어온 도둑을 가리키거나 천장 위의 쥐를 이르는 말.

梁 들보 양
木(나무 목)부 7획

上 위 상
一(한 일)부 2획

君 임금 군
口(입 구)부 4획

子 아들 자
子(아들 자)부 0획

들보 양   ﾞ ﾞ ﾞ 沙 沙 梁 梁 梁

梁   梁   梁

위 상   ㅣ ㅏ 上

上   上   上

임금 군   ㄱ ㅋ ㅋ 尹 尹 君 君

君   君   君

아들 자   ㄱ 了 子

子   子   子

양약고구
良藥苦口

이야기를 읽고

좋은 약은 입에 쓰다

쑥쑥 자라는 어휘력

기회(機會)
어떤 일을 하기에 가장 알맞고 좋은 때.

전투(戰鬪)
적과 직접 맞서서 무기로 싸우는 것.

보물(寶物)
썩 드물고 귀한 물건.

강직(剛直)
마음이 굳세고 곧음.

　천하를 통일했던 진나라도 시황제가 죽자마자 흔들리기 시작했습니다. 이 기회를 놓칠세라 한나라의 유방과 초나라의 항우는 진나라의 수도였던 함양에 먼저 들어가기 위해 필사적인 전투를 벌였습니다.

　이 싸움에서 이긴 유방이 왕궁에 들어가 보니, 호화로운 방에 온갖 재물과 보물들이 산더미처럼 쌓여 있었고, 아름다운 궁녀들이 수천 명이나 있었습니다. 완전히 마음을 빼앗긴 유방이 왕궁에 그냥 머무르려고 하자, 강직한 신하인 번쾌가 말했습니다.

　"아직 천하는 통일되지 않았으니 이곳을 나가 다른 곳에 진을 치도록 하십시오."

　그러나 유방은 듣지 않았습니다. 이번에는 참모 장량이 유방을 찾아갔습니다.

　"진나라가 도리에 어긋난 정치를 했기 때문에 장군이 여기까지 올 수 있었던 것입니다. 이제 장군께서 하실 일은 남은 적을 완전히 쫓아 버려 천하의 백성을 편안하게 하는 것입니다. 그럼에도 불구하고 지금 장군께서 미녀들과 궁전의 화려함에 눈이 어두워져 마음이 흔들린다면, 진나라의 포악함을 배우고 폭군 걸왕과 주왕처럼 악행을 일삼게 될 것입니다. 원래 충성스러운 말은 귀에 거슬리지만 자기의 행실에는 이로운 것이며, 독한 약은 입에는 쓰지만 병에는 효과가 있는 것입니다."

장량의 이 말을 들은 유방은 깨달은 바가 있어 궁전을 나와 패상이라는 곳에 진을 쳤습니다.

그 이후 검소한 생활에 힘쓴 유방은 차츰 진나라 사람들의 신뢰를 얻게 되었으며, 결국은 천하를 평정하였습니다.

양약고구(良藥苦口)는 좋은 약은 입에 쓰다는 뜻으로, 충성스런 말은 귀에 거슬리나 자신에게 이롭게 한다는 말입니다.

※ 쑥쑥 자라는 어휘력 ※

화려(華麗)
빛나고 아름다움.

폭군(暴君)
포악한 임금.

행실(行實)
평소에 하는 행동.

효과(效果)
보람이 있는 결과.

신뢰(信賴)
믿고 의지함.

良藥苦口
양 약 고 구

좋은(良) 약은(藥) 입에(口) 씀(苦).
··· 충성스런 말은 귀에 거슬리지만 자신을 이롭게 함.

良 좋을 양
艮(괘이름 간)부 1획

藥 약 약
艹, ⧺(풀 초)부 15획

苦 쓸 고
艹, ⧺(풀 초)부 5획

口 입 구
口(입 구)부 0획

좋을양　 ⸌ ⸌ ㅋ ㅋ 自 自 良

약약　 一 ㅗ ㅗ ㅗ 꾸 꾸 꾸 苗 苗 蓶 蓶 蕐 藥 藥

쓸고　 一 ㅗ ㅗ 꾸 꾸 苦 苦

입구　 丨 冂 口

조개와 도요새가 싸우면

쑥쑥 자라는 어휘력

제압(制壓)
세력이나 기세를 제어하여 억누름.

설득(說得)
잘 설명하거나 타이르거나 해서 알아듣게 함.

일광욕(日光浴)
치료나 건강을 위해 맨몸을 햇빛에 드러내어 쬐는 일.

승리(勝利)
겨루거나 싸워서 이김.

전국 시대, 진나라는 여러 나라를 쳐서 천하를 제압하려고 기회를 엿보고 있었습니다. 이때 조나라와 연나라 사이에 마찰이 생겨 조나라는 연나라를 침략하고자 준비를 서둘렀습니다. 그래서 연나라 소왕은 소대를 조나라에 보내어 조나라 혜왕을 설득하도록 했습니다. 조나라에 도착한 소대는 한 가지 예를 들어 혜왕을 설득했습니다.

"제가 조나라에 오면서 역수(조나라와 연나라의 국경을 이루는 강)를 건널 때의 일입니다. 조개가 모래 위에 조가비를 딱 벌리고 일광욕을 하고 있었습니다. 이때, 갑자기 날아온 도요새가 '이게 웬 떡이냐!'며 부리로 그 살을 쪼았습니다. 깜짝 놀란 조개는 당황해 조가비를 꽉 닫고, 도요새의 부리를 단단히 죄었습니다. 도요새의 부리는 조개의 살에 단단히 파고들어 있어 도요새는 마치 승리한 듯이 뽐내며 말했습니다. '두고 보렴. 오늘도 내일도 비가 내리지 않으면, 말라 죽을 조개가 하나 있을 것이다.' 조개도 지지 않고 조가비를 더욱더 꽉 닫으며 말했습니다. '오늘도 부리를 빼내지 못하고 내일도 빼내지 못하면 굶어 죽을 도요새가 있을 것이다.' 이렇게 서로가 놓지 않고 다투는 동안 마침 지나가던 늙은 어부가 보고 제꺽 둘 다 잡아 버렸습니다.

전하께서 지금 연나라를 공격하려고 하십니다. 조나라와 연나라가 오랫동안 서로 싸우게 되면 두 나라 모두 허약해지고 백성들은 고통을 당할 것입니다. 그럼 강한 진나라는 반드시 어부처럼 가만히 앉아서 이득을 볼 것입니다."

"과연 옳은 말이오."

조나라 혜왕도 소대의 말이 옳다고 여겨 즉시 연나라에 대한 군사 행동을 중지했습니다.

이 고사에서 유래한 어부지리(漁夫之利)는 둘이 다투고 있는 동안 제삼자가 나타나 이득을 얻는 것을 말합니다.

✦ 쑥쑥 자라는 어휘력 ✦

어부(漁夫)
고기잡이를 직업으로 삼는 사람.

공격(攻擊)
나아가 적을 침.

허약(虛弱)
몸이나 세력 따위가 약함.

중지(中止)
일을 중도에서 그만둠.

제삼자(第三者)
어떤 일에 직접 관계가 없는 사람.

만화로 배우고

어부지리
漁夫之利

고기 잡는 사람(漁夫)의(之) 이익(利).
⋯▸ 서로 다투고 있는 동안에 엉뚱한 제삼자가 이익을 보게 됨.

漁 고기잡을 **어**
水, 氵(물 수)부 11획

夫 사내 **부**
大(큰 대)부 1획

之 어조사 **지**
丿(삐침 별)부 3획

利 이로울 **리**
刀, 刂(칼 도)부 5획

고기잡을 **어**　丶 氵 氵 氵 氵 漁 漁 漁 漁 漁 漁

漁	漁	漁					

사내 **부**　一 二 キ 夫

夫	夫	夫					

어조사 **지**　丶 亠 之

之	之	之					

이로울 **리**　一 二 千 禾 禾 利 利

利	利	利					

선왕의 야심을 꿰뚫어 본 맹자

쑥쑥 자라는 어휘력

인의(仁義)
어질고 의로움.

야심(野心)
큰일을 이루어 보려는 마음.

채색(彩色)
여러 가지의 고운 빛깔.

총애(寵愛)
남달리 귀여워하고 사랑함.

전국 시대 때, 맹자는 여러 제후국들을 돌며 인의에 바탕한 왕도 정치를 펼 것을 주장하였습니다. 제나라에 들러 선왕의 야심을 꿰뚫어 본 맹자가 선왕에게 물었습니다.

"왕께서는 싸움을 일으켜 신하의 목숨을 위태롭게 하고 이웃 나라와 원수가 되는 것이 좋습니까?"

"아닙니다. 제가 생각하는 큰 바람이 있어서 그렇습니다."

"그럼, 그 큰 바람은 무엇입니까?"

왕은 웃기만 할 뿐 말을 하지 못하였습니다.

"살찌고 단 음식이 입에 부족해서입니까? 가볍고 따뜻한 옷이 부족해서입니까? 아니면 채색이 눈으로 보기에 부족하고, 아름다운 음악이 부족하며, 친숙하고 총애하는 사람들을 부리는 데 부족해서입니까? 신하들이 이것을 충분히 공급하여 주는데 왕은 어찌해서 이것 때문에 그러십니까?"

"아닙니다. 그런 것 때문에 싸움을 하는 것이 아닙니다."

"그렇다면 왕께서 원하는 바를 알겠습니다. 천하를 통일하여 사방을 복종시키는 것이 아닙니까? 그러나 무력으로 천하를 거머쥐고자 하는 것은 나무에 올라가 고기를 구하는 것과 같습니다. 오히려 나무에 올라가 고기를 구하는 것보다도 더 무리한 일입니다."

"아니! 그같이 힘들단 말입니까?"

"나무에 올라가 고기를 구하는 것은 고기만 구하지 못할 뿐, 재난은 남기지 않습니다. 그러나 왕께서 하시려는 방법은 결국 백성을 괴롭히고 나라가 망하는 불행을 가져오게 됩니다. 반면에 왕께서 인(仁)을 바탕으로 한 정치를 하시면 모두가 왕의 조정에서 일하고 싶어할 것입니다."

맹자의 이 말에서 유래한 연목구어(緣木求魚)는 나무에 올라가 물고기를 구한다는 뜻으로, 도저히 불가능한 일을 억지로 한다는 의미입니다.

• 쑥쑥 자라는 어휘력 •

복종(服從)
남의 명령이나 요구 등에 그대로 따름.

재난(災難)
뜻밖에 일어난 불행한 일.

방법(方法)
어떤 목적을 이루기 위하여 취하는 수단.

불행(不幸)
행복하지 아니함.

연 목 구 어
緣木求魚

나무에(木) 올라가서(緣) 물고기를(魚) 구함(求).

⋯▶ 잘못된 방법으로 목적을 이루려 함이나 불가능한 일을 억지로 하려 함.

緣 오를 연
糸(실 사)부 9획

木 나무 목
木(나무 목)부 0획

求 구할 구
水, 氺(물 수)부 2획

魚 물고기 어
魚(물고기 어)부 0획

오를 **연** ˘ ㄥ ㄠ ㄠ 幺 糸 糸 紅 紀 紹 絽 縁 縁 縁

縁 縁 縁

나무 **목** 一 十 十 木

木 木 木

구할 **구** 一 十 十 才 才 求 求

求 求 求

물고기 **어** ˊ ˊ ⼓ ⼓ 쓰 角 角 角 魚 魚 魚

魚 魚 魚

도망치기는 마찬가지

전국 시대에 위나라는 서쪽으로 진나라의 위협에 시달리고 동쪽으로는 제나라와의 싸움에서 크게 패하여 큰 어려움에 처해 있었습니다. 그래서 양혜왕은 이 어려움을 이겨 내고자 맹자를 초청하였습니다.

"이렇게 천 리를 멀다 하지 않고 찾아와 주시니 감사합니다. 저의 나라를 부강하게 할 좋은 방법이 없을까요?"

"왕께서는 어찌 이익을 말씀하십니까? 단지 인의가 있을 뿐입니다."

"선생님께서 언제나 백성을 생각하라고 하셨기에, 저는 모든 어려움을 무릅쓰고 애써 왔습니다. 흉년이 들었을 때에는 백성들을 흉년이 들지 않은 곳으로 옮겼고, 또 홍수가 났을 때에도 백성들을 홍수가 나지 않은 곳으로 옮겼습니다. 제가 이렇게 백성을 위하여 마음을 썼으면, 마땅히 이웃 나라 백성들이 옮겨와 백성들의 숫자가 늘어야 하는데 전혀 그렇지 못합니다. 이것은 대체 무엇 때문입니까?"

★ 쑥쑥 자라는 어휘력 ★

위협(威脅)
해칠 듯이 무서운 말이나 행동을 하거나 협박함.

초청(招請)
청하여 부름.

부강(富強)
나라의 재정이 넉넉하고 군사력이 튼튼함.

홍수(洪水)
비가 많이 와서 내나 강이 크게 불은 물.

"왕께서 전쟁을 좋아하시니 전쟁으로 비유하겠습니다. 전쟁터에서 싸움을 하다가 어떤 병사는 백 보를 달아난 뒤에 멈추고 어떤 병사는 오십 보를 달아난 뒤에 멈추었습니다. 그런데 오십 보를 도망친 병사가 백 보를 도망친 병사를 비겁하다고 비웃는다면 이를 어떻게 생각하시겠습니까?"
"그야 오십 걸음이나 백 걸음이나 도망친 것은 마찬가지이니 비웃을 자격이 없지요."
대답을 하던 양혜왕은 알겠다는 듯이 고개를 끄덕였습니다.

오십 걸음을 달아난 병사나 백 걸음을 달아난 병사나 거리상의 차이는 약간 있지만 전쟁에서 도망가려는 의도는 똑같습니다. 이처럼 제후들의 패도 정치도 정도의 차이는 있을지라도 본질적으로 잘못이기는 마찬가지라는 말입니다. 이처럼 오십보백보(五十步百步)는 맹자가 전쟁의 비유를 들어 양혜왕의 패도 정치를 빗댄 말에서 유래한 것입니다.

• 쑥쑥 자라는 어휘력 •

비겁(卑怯)
겁이 많음.

차이(差異)
서로 같지 않고 다름.

의도(意圖)
무엇을 이루려는 생각.

패도(覇道)
인의를 무시하고 무력으로 다스리는 일.

만화로배우고

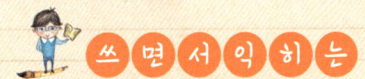

오 십 보 백 보
五十步百步

오십(五十) 걸음(步) 백(百) 걸음(步).

⋯→ 오십 보 도망친 사람이 백 보 도망친 사람을 비웃음. 정도의 차이는 있으나 잘못은 마찬가지임.

五 다섯 **오** 二(두 이)부 2획

十 열 **십** 十(열 십)부 0획

步 걸음 **보** 止(그칠 지)부 3획

百 일백 **백** 白(흰 백)부 1획

步 걸음 **보** 止(그칠 지)부 3획

다섯 **오** 一 丆 五 五

五	五	五				

열 **십** 一 十

十	十	十				

걸음 **보** 丨 卜 屮 止 步 步 步

步	步	步				

일백 **백** 一 丆 丆 百 百 百

百	百	百				

걸음 **보** 丨 卜 屮 止 步 步 步

步	步	步				

와신상담
臥薪嘗膽

이야기를읽고

부차와 구천의 복수전

쑥쑥 자라는 어휘력

부상(負傷)
몸에 상처를 입음.

원수(怨讐)
자기 또는 자기 나라에 해를 끼치어 원한의 대상이 되는 사람.

춘추 시대 때 오나라 왕 합려는 월나라를 공격했다가 월나라 왕인 구천에게 크게 패했습니다. 이 싸움에서 합려는 월나라 군사의 화살에 부상당했는데 불행히도 상처가 도져서 죽고 말았습니다. 그는 죽기 전에 아들 부차에게 구천을 쳐서 원수를 갚으라는 유언을 남겼습니다. 오나라 왕으로 오른 부차는 아버지의 유언을 잊지 않으려고 땔나무 위에서 잠을 잤습니다. 그리고 문 옆에 항상 병사를 세워두고 자신이 문을 드나들 때마다 이렇게 외치게 했습니다.

"부차야! 월왕 구천이 너의 아버지를 죽였다는 것을 잊었느냐?"

그러면서 은밀히 군사를 훈련시키며 때를 기다렸습니다.

월왕 구천이 이를 눈치채고 먼저 공격을 하였으나, 복수심에 불타는 오나라 군사에게 크게 패하고 회계산으로 도망갔습니다. 나아가지도 물러가지도 못하는 지경에 이른 구천은 부차의 신하가 되겠다며 항복을 청했습니다. 이때 오나라의 신하 오자서가 간곡하게 말했습니다.

"후환을 남기지 않으려면 지금 구천을 쳐 없애야 합니다."

그러나 부차는 오자서의 말을 듣지 않고 구천의 청을 받아들여 그의 귀국을 허락했습니다.

구천은 고국으로 돌아가자, 항상 곁에 쓸개를 놔두고 그 쓴맛을 맛보면서 복수의 날을 기다렸습니다. 아내와 함께 밭 갈고 길쌈하는 행세를 하면서 은밀하게 군사를 훈련시켜, 13년이 지난 뒤 오나라로 쳐들어갔습니다. 그러나 싸움은 쉽게 끝나지 않아서 무려 7년간의 싸움 끝에 부차를 굴복시켰습니다. 부차는 결국 자기 스스로 목숨을 끊었고, 구천은 천하를 다스리는 사람이 되었습니다.

와신상담(臥薪嘗膽)은 나무 위에서 잠을 잔 부차의 '와신(臥薪)'과 쓸개를 맛본 구천의 '상담(嘗膽)'을 합친 말로서, 목적을 달성하기 위하여 갖은 고생과 어려움을 참아 낸다는 말입니다.

• 쑥쑥 자라는 어휘력 •

지경(地境)
어떤 처지나 형편.

간곡(懇曲)
마음이 간절하고 지극함.

후환(後患)
뒷날에 생기는 걱정이나 근심.

귀국(歸國)
외국에 있던 사람이 제 나라로 돌아가거나 돌아옴.

굴복(屈服)
주장이나 뜻을 굽히고 복종함.

만화로 배우고

 쓰면서 익히는

와신상담 臥薪嘗膽

땔나무에(薪) 눕고(臥) 쓸개를(膽) 맛봄(嘗).
→ 목적을 달성하기 위하여 온갖 고난을 참고 견딤.

臥 누울 와
臣(신하 신)부 2획

薪 땔나무 신
艸, ⺿(풀 초)부 13획

嘗 맛볼 상
口(입 구)부 11획

膽 쓸개 담
肉, 月(고기 육)부 13획

누울 와 丨 丆 丆 臣 臣 臣 臥 臥

땔나무 신 丶 丶 丷 丱 丱 莽 莽 薪 薪 薪

맛볼 상 丨 丨 丷 业 世 尚 尚 堂 嘗 嘗 嘗

쓸개 담 丿 刀 月 凡 股 胪 朋 朋 膽 膽

139

꼬리 감춘 가짜 중

쑥쑥 자라는 어휘력

수행(修行)
도나 덕을 닦음.

재치(才致)
눈치 빠르고 재빠르게 응하는 재주.

태도(態度)
몸을 가지는 모양이나 맵시. 어떤 사물에 대한 마음가짐이 드러난 자세.

도승(道僧)
도를 깨달은 중. 도통한 중.

　중국의 송나라 때에 용흥사라는 절에 진존자라는 스님이 살고 있었습니다.
　어느 날 진존자는 절에서 나와 이곳저곳을 떠돌며 수행을 했습니다. 그는 길 가는 나그네들이 주워 신도록 짚신을 삼아서 길바닥에 던져 놓기도 했습니다.
　진존자는 나이가 들었지만 여전히 각지를 떠돌아다녔습니다. 어느 마을의 입구에 들어서려고 할 때, 진존자는 한 중을 만나 길에서 이야기를 나누게 되었습니다.
　그런데 그 스님이 느닷없이,
　"에잇!"
하고 큰소리를 냈습니다.
　진존자가 영문을 모르겠다는 얼굴로 중을 쳐다보자, 그 스님은 또 다시 "에잇!" 하고 호통치듯 소리를 질러 대는 것이었습니다.
　중의 재치 빠른 태도와 말재간으로 보아 제법 도를 닦은 도승처럼 보이기도 했습니다. 그러나 진존자는 생각했습니다.

'이 중이 얼른 보기에 그럴듯해 보이기는 한데 아무래도 진짜는 아닌 것 같다. 모르긴 하지만 한갓 용의 머리에 뱀의 꼬리일 것이다.'

이렇게 생각한 진존자가 중에게 말했습니다.

"그대는 '에잇! 에잇!' 하고 위세는 좋은데 서너 번 '에잇' 소리를 외친 뒤에는 무엇으로 어떻게 마무리 지을 생각인가?"

그러자 중은 그만 자기 속셈이 드러난 것을 알고 뱀의 꼬리를 감추고 말았습니다.

이 이야기에서 용두사미(龍頭蛇尾)라는 말이 나왔는데, 처음에는 그럴듯하게 보이던 것이 끝에는 시원하지 못함을 뜻합니다.

쑥쑥 자라는 어휘력

위세(威勢)
위엄 있는 기세.

속셈
마음속으로 하는 궁리나 계획.

만화로 배우고

용 두 사 미
龍頭蛇尾

용의(龍) 머리에(頭) 뱀(蛇)의 꼬리(尾).
⋯▸ 처음은 맹렬하나 끝이 미약함.

龍 용 용
龍(용 룡)부 0획

頭 머리 두
頁(머리 혈)부 7획

蛇 뱀 사
虫(벌레 훼)부 5획

尾 꼬리 미
尸(주검시엄)부 4획

용 용   ` ㄴ ㅗ ㅗ ㅛ 产 咅 音 音 育 背 背 背 龍 龍

龍 龍 龍

머리 두   一 ㄣ ㅁ ㅁ 요 요 豆 豆 頭 頭 頭 頭 頭

頭 頭 頭

뱀 사   ` ㄇ ㅁ 中 虫 虫 虫 蚊 蛇 蛇

蛇 蛇 蛇

꼬리 미   ㄱ 尸 尸 尸 屋 尾

尾 尾 尾

143

우공이산
愚公移山

산을 옮긴 우공의 열의

쑥쑥 자라는 어휘력

출입(出入)
어느 곳을 드나듦.

불편(不便)
편하지 않고 괴로움.

회의(會議)
여럿이 모여 어떤 일을 의논함. 또는 그 모임.

찬성(贊成)
다른 사람의 의견, 제안 등을 좋다고 인정하여 동의함.

손자(孫子)
아들딸의 아들.

옛날에 우공이라는 90세가량의 노인이 살고 있었습니다. 어느 날 그는 집 앞을 가로막고 있어 출입에 불편을 주던 큰 산을 먼 곳으로 옮기기로 마음먹었습니다.

우공은 가족을 모아 놓고 회의를 했습니다.

"힘을 합해 산을 깎아 허물어뜨리지 않겠느냐? 그렇게 하면 어디든지 편하게 갈 수 있을 텐데."

모두 찬성했으나 그의 아내만은 머리를 저었습니다.

"당신 힘으로는 자그마한 언덕 하나 허물지 못해요. 하물며 이런 큰 산을 어쩌자는 겁니까? 게다가 허물 수 있다 해도 그 흙이나 돌은 어떻게 할 셈입니까?"

"바다에 버리면 되지 않겠소."

우공은 아들과 손자를 데리고 산을 허물기 시작했습니다.

바위를 깨고 흙을 파고 흙과 모래를 삼태기에 넣어 바다를 향해 날랐습니다. 그러나 바다까지 한 번 갔다오는 데 반년이나 걸렸습니다.

이를 본 지수라는 동네 노인이 비웃으며 말했습니다.

"여보시오, 지금 나이가 몇 살인데 산을 옮기겠다는 게요. 산을 옮기기는커녕 풀 한 포기 뽑지 못할 노인이……. 당신은 참으로 어리석구려."

그러자 우공이 반박했습니다.

"어리석은 사람은 오히려 당신이오. 내가 죽으면 아들이, 아들이 못하면 손자가, 손자가 못하면 또 그 자식이……. 이렇게 자자손손 계속하면 안 될 까닭이 없잖소?"

지수는 그 말을 듣고 할 말이 없었습니다.

두 사람이 주고받는 말을 들은 하느님은 우공의 열의에 감동하여 두 신에게 명해 산을 먼 곳으로 옮기게 했습니다.

우공이산(愚公移山)은 우공이 산을 옮긴다는 말로, 전혀 불가능해 보이는 일이라도 끝까지 밀고 나가면 안 되는 일이 없음을 뜻합니다.

• 쑥쑥 자라는 어휘력 •

반박(反駁)
남의 의견이나 비난에 대하여 맞서 공격하여 말함.

자자손손(子子孫孫)
자손의 여러 대.

열의(熱意)
무슨 일을 이루려고 정성을 다하는 마음.

만화로 배우고

우 공 이 산
愚公移山

우공이(愚公) 산을(山) 옮김(移).
⋯→ 어떤 일이라도 끊임없이 노력하면 반드시 이루어짐.

愚 어리석을 우
心, 忄(마음 심)부 9획

公 귀 공
八(여덟 팔)부 2획

移 옮길 이
禾(벼 화)부 6획

山 산 산
山(산 산)부 0획

어리석을 우 丨 口 日 甲 committee 禺 禺 禺 愚 愚 愚

| 愚 | 愚 | 愚 | | | | |

귀 공 丿 八 公 公

| 公 | 公 | 公 | | | | |

옮길 이 丿 二 千 禾 禾 禾 移 移 移 移

| 移 | 移 | 移 | | | | |

산 산 丨 山 山

| 山 | 山 | 山 | | | | |

147

강직한 신하 사마위강

쑥쑥 자라는 어휘력

안하무인(眼下無人)
사람됨이 교만하여 남을 업신여김.

모욕(侮辱)
깔보고 욕보임.

상소(上疏)
임금에게 글을 올림.

진나라 도공 때, 도공의 동생 양간이 말썽을 일으키자 강직한 신하 사마위강이 이를 다스리기 위해 양간 대신 그의 부하를 죽여 군대법의 엄격함을 보였습니다. 이 사실을 안 양간은 도공에게 사마위강은 안하무인이어서 자기를 모욕하고 있다고 했습니다. 그 말을 들은 도공은 병사들에게 사마위강을 당장 끌어오게 하였습니다. 그러자 도공의 신하인 양설적이 도공에게 말하였습니다.

"위강은 충성스런 신하로 까닭없이 공자의 부하를 죽이지 않았을 것입니다. 그는 강직하여 자결할 수 있으니 사정을 알아본 후에 책임을 물어도 늦지 않을 것입니다."

양설적의 말대로 위강은 도공에게 상소문을 올리고는 곧바로 칼을 뽑아 자결하려 하였으나, 궁궐을 지키던 문지기가 이를 말렸습니다. 한편, 위강의 상소를 읽은 도공은 비로소 동생 양간의 잘못을 깨닫고 황급히 뛰어나가 위강을 일으켰습니다. 이로 인해 위강은 진나라 군대의 총대장이 되었습니다.

이후 진나라의 힘은 나날이 커졌습니다. 그런 가운데 여러 나라가 연합하여 이웃 정나라를 공격하려는 일이 일어났습니다. 위기를 맞은 정나라는 고민 끝에 힘센 진나라에 사신을 보내 중재를 부탁했습니다. 진나라 왕 도공은 이 부탁을 받아들여 전쟁을 끝내고 평화 협정을 맺을 수 있게 도와주었습니다.

그러자 고마움을 느낀 정나라 왕은 도공에게 많은 선물과 노래 부르는 여인들까지 보냈습니다. 도공은 많은 선물을 반으로 나누어 위강에게 보내 주었습니다. 하지만 대쪽 같은 위강은 선물을 되돌려 보내며 이렇게 말하였습니다.

"평안히 지낼 때 위태로운 때를 생각하고, 위태로운 때를 생각하면 언제나 준비가 있어야 하며, 충분한 준비가 되어 있으면(有備) 근심할 일이 없을 것입니다(無患)."

이 말을 전해 들은 도공은 새삼 위강의 남다른 식견에 머리를 끄덕이며 여인들을 모두 정나라로 돌려보냈습니다.

쑥쑥 자라는 어휘력

연합(聯合)
둘 이상의 단체나 나라가 합동함.

중재(仲裁)
서로 다투는 사이에 들어 화해를 붙임.

협정(協定)
협의하여 결정함.

식견(識見)
사물을 올바르게 판단할 수 있는 능력.

149

만화로 배우고

유비무환
有備無患

준비가(備) 있으면(有) 근심이(患) 없음(無).
⋯▸ 사전에 준비가 갖추어져 있으면 뒷걱정을 하지 않아도 됨.

有 있을 유
月(달 월)부 2획

備 갖출 비
人, 亻(사람 인)부 10획

無 없을 무
火, 灬(불 화)부 8획

患 근심 환
心, 忄(마음 심)부 7획

있을 유   ノ ナ オ 有 有 有

有 有 有

갖출 비   ノ 亻 亻 亻 俨 俨 俌 備 備 備

備 備 備

없을 무   ノ 亠 仁 仨 征 征 無 無 無 無 無 無

無 無 無

근심 환   ノ 口 口 日 吕 吕 串 串 患 患 患

患 患 患

읍참마속
泣斬馬謖

이야기를 읽고

마속의 목을 벤 제갈공명

쑥쑥 자라는 어휘력

보급(補給)
모자라거나 떨어진 물자를 대어 줌.

지원(志願)
바라서 원함.

신임(信任)
믿고 일을 맡김.

방어(防禦)
적이 쳐들어오는 것을 막음.

수비(守備)
지키어 막음.

    삼국 시대 때 제갈공명은 위나라를 공격할 모든 계획을 세워 놓았지만, 식량을 보급하는 곳인 가정을 방어할 절묘한 계획과 방법이 없었습니다. 그래서 그는 부하 장수들 가운데 누구에게 그곳을 지키게 할 것인가를 고민하였습니다.

    이때, 마속이 그 일을 맡겠다고 스스로 지원하였습니다.

    마속은 제갈공명의 절친한 친구이자 하얀 눈썹으로 유명한 마량의 동생으로, 제갈공명이 매우 아끼고 신임하는 장수였습니다. 제갈공명은 가정이 방어하기 힘든 곳일 뿐만 아니라 상대가 워낙 강한 만큼 망설이지 않을 수 없었습니다. 그러자 마속은 이렇게 말했습니다.

    "제가 어찌 가정 땅 하나 못 지켜 내겠습니까? 제가 만약 패한다면 저의 목을 베십시오."

    그래서 제갈공명은 마속으로 하여금 가정을 수비하도록 했습니다. 그러나 그곳 지형을 살펴본 마속은 제갈공명이 내린 명령을 어기고 자신의 생각대로 작전을 펴다가 결국 크게 패하고 말았습니다. 이에 전쟁은 실패로 돌아가고, 부득이 군대를 철수를 해야만 했습니다. 제갈공명은 마속이 군율을 어겼을 뿐만 아니라 그 자신이 맹세한 바도 있었기 때문에, 부하들이 살려 줄 것을 청하였음에도 불구하고 마속을 처형할 수밖에 없었습니다.

"이 어지러운 세상에 전쟁을 시작한 처음부터 군율을 무시하게 되면 어떻게 천하를 평정할 수 있겠소? 마속은 훌륭한 장수이지만 정 때문에 군율을 어긴다면 이는 마속이 지은 죄보다 더 큰 죄를 짓는 것이라오. 신임하는 사람일수록 더욱 매섭게 처단하여 대의를 바로잡아야 하오."

제갈공명은 이렇게 말하고 마속의 목을 베도록 했습니다. 그러면서 그는 끝내 바닥에 엎드려 울었다고 합니다.

제갈공명이 눈물을 흘리며 마속의 목을 베었다는 읍참마속(泣斬馬謖)은 대의를 위하여 자기가 아끼는 사람을 버린다는 의미입니다.

※ 쑥쑥 자라는 어휘력

철수(撤收)
거두어들이거나 걷어치움.

처형(處刑)
사형에 처함.

처단(處斷)
결단을 내려 처치하거나 처분함.

대의(大義)
사람으로서 마땅히 행하거나 지켜야 할 도리.

만화로 배우고

읍 참 마 속
泣斬馬謖

눈물을 흘리며(泣) 마속의(馬謖) 목을 벰(斬).
⋯▸ 큰 목적을 위해 사랑하는 사람도 가차없이 버림.

泣 울 읍
水, 氵(물 수)부 5획

斬 벨 참
斤(도끼 근)부 7획

馬 말 마
馬(말 마)부 0획

謖 일어날 속
言(말씀 언)부 10획

울 읍   丶氵氵汁汁泣泣
泣 泣 泣

벨 참   一丆丅亘車車斬斬斬
斬 斬 斬

말 마   丨冂冂芇芇馬馬馬馬
馬 馬 馬

일어날 속   丶亠言言訁訊謖謖謖謖
謖 謖 謖

155

두 마리 호랑이를 잡은 변장자

쑥쑥 자라는 어휘력

장검(長劍)
무기로 쓰던 긴 칼.

상처(傷處)
몸의 다친 자리.

춘추 시대 노나라에 변장자라는 사람이 있었는데 용기가 남달랐습니다.

어느 날 그는 호랑이 두 마리가 나타났다는 말을 듣고, 장검을 뽑아 들고 산으로 올라갔습니다. 과연 호랑이 두 마리가 소 한 마리를 잡아서 서로 먹으려고 싸우던 중이었습니다. 이때 뒤따르고 있던 아이가 그를 말리면서 말했습니다.

"지금 호랑이 두 마리가 소를 잡아먹으려고 싸우고 있습니다. 잠시 기다리면 힘이 약한 호랑이는 물려 죽게 될 것이고 힘센 호랑이는 상처를 입게 될 것입니다. 그때 상처 입은 호랑이를 잡으면 두 마리 다 잡게 될 것이므로, 한 마리를 잡고도 결과적으로 두 마리를 잡았다는 말을 들을 것입니다."

변장자는 아이의 말대로 잠시 기다렸다가 한 번에 호랑이 두 마리를 모두 잡아 유명해졌습니다.

전국 시대에 이르러 한나라와 위나라는 1년 이상 계속 전쟁을 했습니다. 그러자 이웃에 위치한 진나라의 왕은 어느 한쪽을 돕자고 했습니다. 그때 한 지혜로운 신하가 왕을 말리며 이 '일거양득' 이야기를 하였습니다. 결국 진나라 왕은 두 나라의 전쟁을 구경만 하고 있다가 이긴 쪽 나라를 공격하여 한 번에 두 나라를 다 멸망시켜 버렸습니다.

이처럼 일거양득(一擧兩得)이란 한 가지 일을 통해 두 가지 이득을 동시에 얻는 것을 말합니다. 일거양득을 일거양획이라고도 하며, 비슷한 말로 일석이조가 있습니다.

• 쑥쑥 자라는 어휘력 •

전쟁(戰爭)
나라와 나라 사이의 싸움.

지혜(智慧)
사물의 도리나 선악 따위를 잘 분별하는 마음의 능력.

멸망(滅亡)
망하여 없어짐.

동시(同時)
같은 때나 시기.

157

 쓰면서 익히는

일거양득
一擧兩得

하나를(一) 들어(擧) 둘을(兩) 얻음(得).
⋯ 한 가지 일로 두 가지 이득을 얻음.

 들 거
手, 扌(손 수)부 14획

一 한 일
一(한 일)부 0획

 얻을 득
彳(두인변)부 8획

兩 두 양
入(들 입)부 6획

한 일   一

一　一　一

들 거   ノ ト ド ヤ ヤ 竹 扚 飵 飹 與 與 與 舉 擧

擧　擧　擧

두 양   一 丁 丌 丙 丙 兩 兩 兩

兩　兩　兩

얻을 득   ノ 彳 彳 彳 彳 彳 得 得 得 得

得　得　得

서로 사랑하고 이해하는 부부

✦ 쑥쑥 자라는 어휘력 ✦

지위(地位)
사회적 신분에 따라 개인이 차지하는 자리나 위치.

대접(待接)
마땅한 예로써 대함.

부부유별(夫婦有別)
부부 사이에는 엄격히 지켜야 할 인륜의 구별이 있다는 뜻.

차별(差別)
차이가 있게 구별함.

    부부를 일컬어 흔히 일심동체(一心同體)라고 합니다. 몸은 비록 둘이지만 하나의 마음과 하나의 몸처럼 가깝다는 말입니다. 그래서 부부를 촌수가 없는 무촌지간이라고 합니다.
    옛날에 남자와 여자는 크게 차별되어 여성은 사회적으로 낮은 지위를 누렸던 면도 있었지만, 부부간에 있어서는 동등한 대접을 받았던 것이 사실입니다.
    점잖은 부부 사이에서는 남편이 절대 아내에게 '해라'라는 말을 쓰지 않았으며, 그 부르는 이름도 '부인', '여보', '당신' 등 격을 갖추어 썼습니다.
    멀리 나갔다가 오랜만에 만난 부부는 방 안에 들어가 점잖게 맞절을 하며 서로 몸가짐을 공손히 하고 존경하였습니다.
    또한 남편이 벼슬을 받으면 아내도 공식적으로 이에 알맞은 품계를 받았습니다.
    부부유별(夫婦有別)이라는 말도 '남녀간에 신분적인 차별이 있다.'라고 이해해서는 안 되며, '부부가 각자 해야 할 일을 구별해서

한다.'라는 뜻으로 보아야 합니다. 남편은 바깥일을 맡아 하고, 아내는 집안 살림을 맡아 합니다. 서로의 영역을 지켜 주면서 소중하게 여겼던 것입니다.

부부 관계는 만 가지 인간사의 시작이라고 합니다. 부부가 다정하게 잘 지내야 아이들이 밝고 건강하게 자라게 되고, 따라서 한 가정이 화목하면 나아가 천하가 안정된다고 본 것입니다.

일심동체(一心同體)는 '부부'를 일컫기도 하고, 여러 사람이 뜻을 합하여 굳게 뭉쳐 한마음 한몸과 같음을 나타낼 때 쓰는 말이기도 합니다.

> ✦ 쑥쑥 자라는 어휘력 ✦
>
> **영역(領域)**
> 관계되거나 세력이 미치는 범위나 분야.
>
> **화목(和睦)**
> 서로 뜻이 맞고 정다움.

일 심 동 체
一心同體

한(一)마음과(心) 한(同)몸(體).
⋯▶ 여러 사람이 굳게 뭉쳐 한마음 한몸 같음.

一 한 일
一(한 일)부 0획

心 마음 심
心(마음 심)부 0획

同 한가지 동
口(입 구)부 3획

體 몸 체
骨(뼈 골)부 13획

한 일   一

마음 심   ノ 心 心 心

한가지 동   丨 冂 冃 同 同 同

몸 체   丨 冂 冎 冎 骨 骨 骨 骨 體 體 體 體 體 體 體 體 體

163

어려운 집안을 일으킨 새댁

쑥쑥 자라는 어휘력

재혼(再婚)
다시 혼인함.

양식(糧食)
살아가는 데 필요한 먹을 거리.

독서(讀書)
책을 읽음.

당숙(堂叔)
아버지의 사촌 형제.

편지(便紙)
상대편에게 전하고 싶은 일 등을 적어 보내는 글.

    한 가난한 선비가 처를 잃고 동네 아이들 십여 명을 모아 가르치며 살고 있었습니다. 얼마 후 시골 여인과 재혼하였습니다. 새댁이 시집와서 보니 한 톨의 양식도 없는데, 가장(家長)은 독서만 할 따름이요, 도무지 집안 살림은 돌보지 않는 것이었습니다. 친척 중에는 잘사는 당숙 아저씨가 있었습니다.

    새댁이 당숙 아저씨께 부탁하여 천 냥을 빌려 집안을 일으켜 보자고 선비에게 졸랐습니다. 선비가 머뭇거리자 새댁은 당숙 아저씨에게 천 냥을 빌려주시면 일 년 이내에 갚아 드리겠노라는 내용의 편지를 써 보냈습니다. 며느리들은,

  "시집온 지 며칠 안 되는 새댁이 당돌하게 천 냥을 꾸어 달라고 하다니, 이런 몰지각하고 인사를 모를 데가 있나."

하고 말들이 많았습니다. 그러나 당숙 아저씨만은,

  "지난번에 새댁을 보니 보통 사람이 아니더구나. 그리고 편지 한 장에 천 냥을 쉽게 이야기한 그 뜻이 볼만하니라."

하고 흔쾌히 돈을 빌려주었습니다.

새댁은 학동들에게 돈을 주어 비단을 파는 상점에 가서 각색 비단의 끝동을 떠 오게 하였습니다. 그것으로 주머니를 지어서 채워 주니, 학동들이 좋아하며 고분고분 말을 잘 들었습니다. 이에 새댁은 학동들에게 조금씩 감초를 몇 달을 사 오게 하여 모으니, 시중에 감초가 바닥나서 값이 다섯 배로 뛰었습니다. 이때 내다 팔아 큰돈을 벌었습니다. 당숙 아저씨께 빌린 돈을 갚자, 당숙 아저씨는 새댁을 기특하게 여겨 부자 되는 데 밑천을 삼으라고 받은 천 냥을 다시 내주었습니다. 그러자 새댁은,

"사람이 세상에 나서 먹고 입는 것이 궁색하지 않고 친척들에게 착한 사람이란 말을 들으면 충분하지요. 부자는 사람들의 미움을 사게 되니 제가 원하는 바가 아닙니다."

하며 사양했습니다.

자수성가(自手成家)란 아무것도 없는 상태에서 스스로의 힘으로 어떤 분야에서 일가를 이룬다는 뜻입니다.

쑥쑥 자라는 어휘력

끝동
옷소매의 끝에 댄 다른 색의 천.

궁색(窮塞)
아주 가난함.

사양(辭讓)
겸손하여 받지 않거나 응하지 아니함.

자 수 성 가
自手成家

자기(自) 손으로(手) 일가를(家) 이룸(成).
→ 물려받은 것 없이 스스로의 힘으로 한 살림을 이룸.

 스스로 자
自(스스로 자)부 0획

 손 수
手, 扌(손 수)부 0획

 이룰 성
戈(창 과)부 3획

 집 가
宀(갓머리)부 7획

스스로 자　ノ 亻 自 自 自 自

自　自　自

손 수　ノ 二 三 手

手　手　手

이룰 성　一 厂 厂 成 成 成

成　成　成

집 가　丶 宀 宀 宀 宀 家 家 家

家　家　家

167

전화위복 轉禍爲福

 이야기를읽고

제나라 선왕을 설득한 소진

쑥쑥 자라는 어휘력

합종(合從)
중국 전국 시대에 소진(蘇秦)이 주장한, 여섯 나라가 동맹하여 서쪽의 진(秦)나라에 대항해야 한다는 일종의 공수 동맹.

유지(維持)
어떤 상태나 현상을 그대로 보존하거나 지탱함.

　전국 시대 말, 소진의 설득으로 강국 진나라에 대항하는 여섯 나라의 합종, 6국 동맹이 맺어져 소진은 여섯 나라의 재상을 겸하게 되었습니다.

　그러나 제나라와 위나라, 두 나라가 진나라의 꾐에 빠져 조나라를 침으로써 잘 유지되어 온 합종 체제는 깨져 버렸습니다. 제나라는 연나라의 정권이 바뀌는 혼란을 틈타 연나라를 쳐 10개 성을 빼앗았습니다. 화가 난 연나라 이왕은 소진을 불렀습니다.

　"우리 연나라는 그대가 주장한 합종책에 따랐을 뿐인데 이제 천하의 웃음거리가 되었소. 그대의 힘으로 빼앗긴 땅을 도로 찾아 주시오."

　소진은 곧바로 제나라로 가서 선왕(宣王)을 설득했습니다.

　"연나라 이왕은 진나라 혜왕의 사위입니다. 연나라 영토를 빼앗은 귀국은 앞으로 진나라와도 원수가 될 것입니다."

　얼굴색이 바뀌는 선왕을 보면서 소진은 말을 이었습니다.

　"예로부터 일을 잘 처리하는 사람은 '재앙을 바꾸어 복을 만들었

고 실패를 성공으로 바꿔 놓았다'고 합니다. 빼앗은 땅을 즉각 연나라에 되돌려 주는 것이 가장 좋은 방법이 될 것입니다. 그렇게 하면 연나라는 말할 것도 없고 진나라의 위세 때문에 땅을 돌려준 것으로 알고 진나라 왕도 기뻐할 것입니다. 진·연 두 나라와 친교를 맺게 되면 다른 왕들도 전하의 뜻대로 될 것입니다. 약간의 땅을 버리고 천하를 얻는다면 이것이야말로 패왕의 업적이 아니겠습니까?"

선왕은 소진의 말에 따르지 않을 수 없었습니다.

사람은 어떤 불행한 일이 닥치더라도 끊임없는 노력과 강인한 의지로 힘쓰면 불행을 행복으로 바꿀 수 있고 실패를 발판 삼아 성공으로 만들 수 있다는 말입니다. 그래서 전화위복(轉禍爲福)에는 재앙을 복으로 만든다는 적극적인 의미가 담겨 있습니다.

* 쑥쑥 자라는 어휘력 *

성공(成功)
하고자 하던 목적이나 뜻을 이룸.

친교(親交)
친밀하게 사귐.

행복(幸福)
만족하여 부족한이ㅏ 불만이 없음.

의미(意味)
어떤 말이나 글이 나타내는 뜻.

전 화 위 복
轉禍爲福

재앙이(禍) 바꾸어(轉) 복이(福) 됨(爲).
⋯▶ 불행한 일이나 실패를 끊임없는 노력으로 잘 처리함으로써 행복의 계기로 삼음.

轉 구를 전
車(수레 거)부 11획

禍 재앙 화
示, 礻(보일 시)부 9획

 할 위
爫(손톱 조)부 8획

福 복 복
示, 礻(보일 시)부 9획

구를 전　一 ｢ 冂 冃 亘 車 車 軋 軛 軛 軛 軛 轉 轉

轉	轉	轉					

재앙 화　一 ｢ 亍 亓 礻 礻 初 秬 秬 禍 禍 禍

禍	禍	禍					

 할 위　´ ´ ´ ´ 产 产 爲 爲

爲	爲	爲					

 복 복　一 ｢ 亍 亓 礻 礻 衤 礻 袻 袻 福 福 福

福	福	福					

고생하던 때의 아내

쑥쑥 자라는 어휘력

풍채(風采)
드러나 보이는 사람의 의젓한 모양.

호감(好感)
좋게 여기는 감정.

송홍이라는 사람이 후한의 광무제를 섬겨 대사공이라는 벼슬에 임명되었습니다. 그는 성품이 부드러우면서도 강직하여 많은 사람들의 믿음과 덕망을 얻었습니다.

어느 날 광무제는 홀로 된 누님 호양 공주가 신하들 중에 누구를 마음에 두고 있는지 그 마음을 떠보았습니다. 그랬더니 호양 공주는 당당한 풍채와 덕성을 지닌 송홍에게 호감을 가지고 있다고 했습니다.

"알았습니다. 어떻게든 조처해 보겠습니다."
하고 약속했습니다.

그 후 광무제는 병풍 뒤에 호양 공주를 앉혀 놓고, 송홍과 이런 저런 이야기를 나누다가 송홍에게 물었습니다.

"흔히들 지위가 높고 귀해지면 천할 때의 친구를 바꾸고, 재물이 많아서 넉넉해지면 가난할 때의 아내를 버린다고 하는데 그것이 누구나 가질 수 있는 사람의 마음이 아니겠소?"

그러자 송홍은 곧바로 이렇게 대답했습니다.

"아닙니다. '가난하고 어려울 때의 친구는 잊지 말아야 하며 조강지처는 버리지 말아야 한다'고 들었사옵니다. 신은 이것이 사람의 도리라고 생각하옵니다."
이 말을 들은 광무제와 호양 공주는 크게 실망하였다고 합니다.

송홍의 말에서 유래한 조강지처(糟糠之妻)는 매우 가난하여 술지게미와 겨로 목숨을 이어가며 고생하던 때의 아내를 일컫는 말입니다.

술지게미란 술을 거르면 남는 찌꺼기입니다. 먹을 것이 없는 집에서는 다른 사람이 술을 거르고 버린 이 술지게미를 얻어다 끓여 먹었는데, 먹으면 술에 취한 듯 어지럽기도 하였답니다.

• 쑥쑥 자라는 어휘력 •

도리(道理)
사람이 마땅히 지켜야 할 바른 길.

고생(苦生)
어렵고 괴로운 생활을 함.

조강지처
糟糠之妻

술지게미와(糟) 겨로(糠) 끼니를 이으며 고생하던(之) 아내(妻).

… 몹시 가난할 때부터 고생을 함께 겪어 온 아내.

糟 지게미 **조**
米(쌀 미)부 11획

糠 겨 **강**
米(쌀 미)부 11획

之 어조사 **지**
丿(삐침 별)부 3획

妻 아내 **처**
女(계집 녀)부 5획

지게미 **조**　丶丷丼丼丼籵籵籵糟糟糟糟

| 糟 | 糟 | 糟 | | | | | |

겨 **강**　丶丷丼丼丼籵籵籵糠糠糠糠

| 糠 | 糠 | 糠 | | | | | |

어조사 **지**　丶一ナ之

| 之 | 之 | 之 | | | | | |

아내 **처**　一コヨ肀妻妻妻

| 妻 | 妻 | 妻 | | | | | |

175

잔꾀로 원숭이를 속인 저공

쑥쑥 자라는 어휘력

가족(家族)
혈연과 혼인 관계 등으로 한집안을 이룬 사람들의 집단.

정도(程度)
사물의 성질이나 가치를 우열 등에서 본 분량이나 수준.

불만(不滿)
마음에 차지 않는 느낌.

　송나라에 저공이라는 사람이 살고 있었습니다. 저(狙)는 원숭이를 말하니, 저공은 원숭이를 기르는 사람입니다. 그는 많은 원숭이를 기르고 있었는데 가족의 양식까지 퍼다가 먹일 정도로 원숭이를 아끼고 좋아했습니다.

　저공은 늘 자기 원숭이들과 함께 시간을 보내며 지냈습니다. 원숭이들도 저공을 따랐고 마음까지 서로 통할 정도였습니다. 그런데 워낙 많은 원숭이를 기르다 보니 먹이를 대는 일이 갈수록 어려워졌습니다. 그래서 저공은 원숭이에게 나누어 줄 먹이를 줄이기로 했습니다. 그러나 먹이를 줄이면 원숭이들이 싫어할 것 같아 꾀를 내었습니다. 그는 우선 원숭이들에게 이렇게 말했습니다.

　"너희들에게 나누어 주는 도토리를 앞으로는 '아침에 세 개, 저녁에는 네 개씩' 주려고 하는데 어떻게 생각하느냐?"

　그러자 원숭이들은 하나같이 화를 냈습니다. '아침에 도토리 세 개로는 배가 고프다'는 불만이었습니다. 저공은 이번에는 이렇게 말했습니다.

"그러면 아침에 네 개, 저녁에는 세 개로 하면 어떠냐? 그렇게 하면 불만이 없겠지?"

그러자 원숭이들은 손뼉을 치며 기뻐하였습니다.

저공이 원숭이들에게 준 도토리의 개수는 두 경우 모두 일곱 개이지만, 저공은 원숭이의 어리석음을 이용해 잔꾀를 부렸던 것입니다.

이 고사에서 유래한 조삼모사(朝三暮四)는 저공처럼 간사한 꾀로써 남을 속이는 것 또는 원숭이처럼 눈앞에 보이는 차이만 알고 결과가 같음을 모르는 어리석음을 말할 때 쓰입니다.

쑥쑥 자라는 어휘력

이용(利用)
필요한 데에 이롭게 쓸모 있게 씀.

간사(奸詐)
자기의 이익을 위하여 남을 잘 속임.

조 삼 모 사
朝三暮四

아침에(朝) 세 개(三) 저녁에(暮) 네 개(四).
···› 눈앞의 이익에 정신이 팔려 결과가 같은 것을 깨닫지 못함. 또는 간사한 꾀로 남을 속임.

朝 아침 조
月(달 월)부 8획

三 석 삼
一(한 일)부 2획

暮 저물 모
日(날 일)부 11획

四 넉 사
口(큰입구몸)부 2획

아침 조 一 十 十 古 古 直 卓 朝 朝 朝

석 삼 一 二 三

저물 모 一 十 廾 廾 甘 甘 苔 草 莫 莫 菒 暮

넉 사 1 冂 冂 四 四

소꿉친구 은호와 환온

✱ 쑥쑥 자라는 어휘력 ✱

견제(牽制)
지나치게 세력을 펴거나 자유롭게 행동하지 못하도록 억누름.

내분(內紛)
내부에서 일어난 분쟁.

회복(回復)
원래의 상태로 돌아옴.

변방(邊方)
나라와 나라의 경계가 되는 변두리 지역.

　진(晉)나라 사람 은호는 학식과 생각이 깊고 마음이 너그러워 젊어서부터 명망이 높았습니다. 12대 황제인 간문제는 촉나라 땅을 평정하고 돌아온 환온의 세력이 날로 커지자 환온의 세력을 견제하기 위해 은호를 불러들였습니다.

　은호와 환온은 어릴 때의 친구로 둘 다 학식과 재능이 뛰어났습니다. 그러나 은호가 벼슬길에 나아가던 그날부터 두 사람은 적이 되어 서로 미워했습니다.

　그 무렵 호족(胡族) 사이에 내분이 일어나자 진나라는 이 기회에 중원 땅을 회복하기 위해 은호를 중원 장군에 임명했습니다. 은호는 군사를 이끌고 출병했으나 도중에 말에서 떨어지는 바람에 제대로 싸우지도 못하고 패하고 돌아왔습니다. 이에 환온은 상소를 올려 그를 변방으로 쫓아내고 말았습니다. 그리고 이렇게 말했습니다.

　"나는 어릴 때 은호와 함께 죽마를 타고 놀았는데,

내가 타다가 싫증이 나서 죽마를 버리면 언제나 은호가 그것을 주워서 놀았었다. 그러므로 그가 내 밑에서 머리를 숙여야 함은 당연한 일이다."

시간이 흐르자 환온은 마음이 변하여 은호에게 벼슬자리를 주고자 편지를 보냈습니다. 은호는 편지를 받고 승낙한다는 답장을 써서 부치기로 하고 혹시 잘못된 내용은 없는지 열두 번도 더 꺼내어 확인했습니다. 그러다가 그만 실수로 빈 봉투만 보내고 말았습니다. 이에 몹시 화가 난 환온은 끝내 죽마고우 간의 우정을 저버렸고 은호도 유배지에서 죽고 말았습니다.

별로 아름답지 못한 이 고사에서 유래한 죽마고우(竹馬故友)는 어릴 적부터의 친구를 말합니다.

* 쑥쑥 자라는 어휘력 *

내용(內容)
글이나 말 따위에 나타나 있는 사항.

확인(確認)
확실히 알아봄.

실수(失手)
부주의로 잘못을 저지름.

유배(流配)
귀양 보냄.

죽마고우
竹馬故友

대나무(竹) 말을(馬) 타고 놀던 옛(故) 친구(友).
→ 어렸을 때부터 친하게 지낸 친구.

竹 대 죽
竹(대 죽)부 0획

馬 말 마
馬(말 마)부 0획

故 옛 고
攴, 攵(등글월 문)부 5획

友 벗 우
又(또 우)부 2획

대 죽　ノ ト レ 什 竹

竹　竹　竹

말 마　１ 厂 ſ 斤 馬 馬 馬 馬 馬

馬　馬　馬

옛 고　十 キ キ 古 古 古 扩 故 故

故　故　故

벗 우　一 ナ 方 友

友　友　友

183

왕도 정치를 역설하는 맹자

★ 쑥쑥 자라는 어휘력

왕도(王道)
임금은 마땅히 인덕(仁德)을 근본으로 천하를 다스려야 한다는 정치 사상.

정책(政策)
나라를 다스리는 목표나 방법.

전국 시대 여러 나라를 두루 돌며 왕도 정치를 주장하던 맹자가 제나라 선왕과 나눈 대화입니다.

"전하께서 술과 여자를 좋아하시면서 나라를 부강하게 하고 천하의 패권을 잡겠다는 것은 나무에 올라가서 물고기를 구하는 것[緣木求魚]과 같습니다."

"과인의 행동이 그토록 터무니없고 심하다는 말입니까?"

"심한 정도가 아닙니다. 나무에 올라가서 물고기를 잡으려 한다면 비록 물고기는 얻지 못하더라도 뒤따르는 재앙은 없습니다. 그러나 전하의 정책은 실패하면 반드시 재앙이 있을 것입니다."

"어째서 그렇다는 겁니까?"

"만약 추나라와 초나라가 전쟁을 한다면 전하께서는 어느 쪽이 이긴다고 생각하십니까?"

"물론 대국인 초나라가 이기겠지요."

"그렇다면 작은 나라는 큰 나라를 이길 수 없고 '적은 인원수로는 많은 인원수를 당해 내지 못하며' 약한 것은 강한 것을 이기지 못하는 법입니다. 지금 천하에는 강국이 아홉 개나 있는데 제 나라도 그 가운데 하나입니다. 한 나라가 여덟 나라를 굴복시킨 다는 것은 소국인 추나라가 대국인 초나라를 대적하겠다는 것과 무엇이 다르겠습니까?"

그렇다면 어떻게 해야 하느냐는 선왕의 물음에 맹자는 왕도론을 펼쳤습니다.

"전하께서는 그 근본으로 돌아가야 합니다. 이제 정치를 새롭게 하고 어진 정치를 베푸시면 저절로 전하의 것이 되는 것입니다. 왕도를 따르는 자만이 천하를 지배할 수 있는 것입니다."

맹자의 말에서 유래한 중과부적(衆寡不敵)은 적은 수효가 많은 수효를 대적하지 못한다는 뜻입니다.

* 쑥쑥 자라는 어휘력 *

강국(强國)
힘이 세고 부유한 나라.

대적(對敵)
서로 맞서 겨룸.

근본(根本)
사물이 생긴 바탕이 되는 것.

중과부적 衆寡不敵

많은 무리와(衆) 적은 무리는(寡) 서로 대적하지(敵) 못함(不).
····▶ 적은 인원수로 많은 인원수를 당하지 못함.

衆 무리 중
血(피 혈)부 6획

寡 적을 과
宀(갓머리)부 11획

不 아닐 부
一(한 일)부 3획

敵 대적할 적
支, 攵(등글월 문)부 11획

무리 중   ノ 亻 白 血 血 衆 衆 衆 衆

衆 衆 衆

적을 과   ` ′ 宀 宀 宀 宀 宀 宓 宣 寅 寅 寡 寡

寡 寡 寡

아닐 부   一 ア 不 不

不 不 不

대적할 적   一 亠 古 古 咅 咅 商 商 敵 敵 敵 敵

敵 敵 敵

주나라 여왕의 공포 정치

쑥쑥 자라는 어휘력

정보망(情報網)
정보를 효과적으로 모으기 위하여 여러 곳에 펴 놓은 조직.

공포(恐怖)
무섭고 두려움.

비방(誹謗)
남을 헐뜯어서 말함.

백성(百姓)
일반 국민을 예스럽게 이르는 말.

  주나라 여왕은 나라의 정사에 대해 헐뜯는 자가 있으면 찾아내어 즉시 죽였습니다. 그래서 남몰래 일러바치는 제도가 자리잡고 거미줄같이 쳐진 정보망 때문에 백성들은 공포 정치에 질려 제대로 말도 할 수 없게 되었습니다.
  "내 정치하는 솜씨가 어떻소? 나를 비방하는 자가 한 사람도 없지 않소."
  여왕은 자기의 뜻대로 된 것을 기뻐했습니다. 중신 소공은 기가 막혀 말했습니다.
  "백성의 입을 막는 것은 시냇물을 막는 것보다 더 어렵습니다. 시냇물이 막혔다가 터지면 많은 사람이 다치게 됩니다. 백성들도 마찬가지입니다. 때문에 시냇물을 다스리는 사람은 물이 자연스럽게 흘러내리도록 해야 하고, 백성을 다스리는 사람은 백성들이 생각하는 것을 자유롭게 말로 표현할 수 있도록 해야 합니다."
  그러나 여왕은 소공의 말을 듣지 않고 계속 백성들이 말을 못하도록 입을 막았습니다. 이로 인해 반란이 일어나자 여왕은 이를 피해 달아났다가, 끝내 망명지에서 죽고 말았습니다.

춘추 시대 송나라에 사마화원이란 사람이 있었습니다. 그가 성 쌓는 일을 감독하며 격려하자, 사람들은 적군의 포로가 되었다가 돌아온 그를 비웃는 내용의 노래를 불렀습니다.

그러나 마음이 너그러운 그는 군중들을 꾸짖지 않고 다만,
"뭇사람들의 입은 막기가 어렵다."
라고 한 후 다시 나타나지 않았습니다. 그런데 그의 이러한 행동은 오히려 사람들에게 호감을 얻어 존경받게 되었다고 합니다.

중구난방(衆口難防)은 뭇사람의 말을 다 막기가 어렵다는 말로, 많은 사람이 마구 떠들어 대는 소리를 감당하기 어려우니 행동을 조심해야 한다는 뜻입니다.

★ 쑥쑥 자라는 어휘력

반란(叛亂)
정부나 지배자에게 반항하여 내란을 일으킴.

망명(亡命)
제 나라에 있지 못하고 남의 나라로 몸을 피하는 일.

감독(監督)
잘못이 없도록 살피어 단속함.

중구난방 衆口難防

여러(衆) 사람의 입을(口) 막기(防) 어려움(難).

⋯▶ 받아들이기 어려울 정도로 여럿이 마구 이야기함.

衆 무리 중
血(피 혈)부 6획

口 입 구
口(입 구)부 0획

難 어려울 난
隹(새 추)부 11획

防 막을 방
阜, 阝(좌부변)부 4획

무리 중 ノ 亻 亇 亇 血 血 血 衆 衆 衆

衆 衆 衆

입 구 丨 口 口

口 口 口

어려울 난 一 十 艹 甘 甘 苩 莒 堇 堇 蓳 蓳 難 難 難 難

難 難 難

막을 방 ' 阝 阝 阝 阝 防 防

防 防 防

권력에 눈이 어두운 조고

✹ 쑥쑥 자라는 어휘력 ✹

문서(文書)
일정한 내용을 글로써 적어 나타낸 것.

경쟁(競爭)
서로 앞서거나 이기려고 겨룸.

확인(確認)
확실히 알아보거나 인정함.

　진나라 시황제는 병들어 50세로 죽을 때 맏아들인 부소에게 왕위를 물려준다는 유언을 남겼습니다. 그런데 당시 권력을 쥐고 있던 이사와 환관 조고는 부소가 왕의 자리에 오르면 권력을 빼앗길까 두려워 계략을 꾸몄습니다.

　조고는 진시황의 명령을 적은 문서를 '호해에게 왕의 자리를 물려주고 부소에게는 죽음을 명한다.'라고 거짓으로 꾸몄습니다.

　조고는 호해를 허수아비 황제로 삼고 경쟁자인 이사도 죽이고는 자신이 승상의 자리에 앉아 권력을 한손에 쥐고 흔들었습니다. 조고는 이에 만족하지 않고 황제의 자리마저 노렸습니다. 막상 큰일을 도모하려니 조정 대신들이 얼마나 자기를 따라 줄지 궁금했고 그것을 확인해 보고 싶었습니다. 어느날 조고는 호해에게 사슴 한 마리를 바치면서,

　"폐하, 아주 훌륭한 말을 바치오니 거두어 주시옵소서."

　"하하하, 승상은 농담을 좀 심하게 하는구려. 사슴을 보고 말이라 하다니."

"믿지 못하시겠으면 여기 있는 대신들에게 물어보십시오."

호해의 물음에 조고를 두려워하는 대신들은 그의 말이 맞다고 했고 몇몇은 고개를 숙이고 입을 다물었습니다. 분명하게 사슴이라고 말한 사람을 기억해 두었다가 나중에 터무니없는 죄를 씌워 모두 죽여 버렸습니다.

조고는 호해를 위협하여 스스로 목숨을 끊게 한 후 부소의 아들인 자영을 3세 황제로 삼으려 하였습니다. 자영은 오히려 조고의 잔꾀를 알아차리고 그를 죽이는 것이 억울하게 죽은 아버지 부소의 원수를 갚는 것이라 생각했습니다. 결국 조고는 자영에게 죽임을 당하여 욕된 생을 마감하고 말았습니다.

이 고사에서 유래한 지록위마(指鹿爲馬)는 사슴을 가리켜 말이라고 우긴다는 뜻으로, 간사한 꾀로써 윗사람을 농락하고 아랫사람을 겁주어 권세를 마음대로 부리는 것을 말합니다.

◆ 쑥쑥 자라는 어휘력 ◆

기억(記憶)
지난 일을 잊지 않고 외워 두거나 도로 생각해 냄.

위협(威脅)
해칠 듯이 무서운 말이나 행동을 하거나 협박함.

만화로 배우고

지 록 위 마
指鹿爲馬

사슴을(鹿) 가리켜(指) 말이라고(馬) 함(爲).
⋯▶ 윗사람을 농락하고 아랫사람을 겁주어 멋대로 권세를 부림.

指 손가락 지
手, 扌(손 수)부 6획

鹿 사슴 록
鹿(사슴 록)부 0획

爲 할 위
爪(손톱 조)부 8획

馬 말 마
馬(말 마)부 0획

손가락 지　一 十 扌 扌 扩 指 指 指

指	指	指						

사슴 록　丶 广 广 广 庐 庐 唐 鹿 鹿

鹿	鹿	鹿						

할 위　丶 丶 丷 爫 爫 爯 爲 爲

爲	爲	爲						

말 마　｜ 厂 厂 F F 馬 馬 馬 馬

馬	馬	馬						

백아의 마음을 알아준 종자기

쑥쑥 자라는 어휘력

왕명(王命)
임금의 명령.

근처(近處)
가까운 곳.

연주(演奏)
악기를 다루어 음악을 들려줌.

    춘추 시대에 거문고를 잘 타던 백아가 왕명으로 초나라에 갔을 때의 일입니다. 백아가 탄 배가 한양 강가에 닻을 내렸을 때는 마침 보름이라 하늘에 보름달이 휘영청 밝았습니다. 백아가 거문고를 꺼내어 한참을 타고 있는데 누군가가 근처에서 그 소리를 듣고 있었습니다. 그는 한 나무꾼이었습니다.

    백아가 높은 산에 오르고 싶은 심정으로 거문고를 타면, 나무꾼은 옆에서 말없이 듣고 있다가 이렇게 말했습니다.

    "정말 굉장하네! 태산이 눈앞에 우뚝 솟아 있는 느낌일세."

    또 한번은 백아가 도도히 흐르는 강을 떠올리면서 거문고를 연주하자 나무꾼은 또 이렇게 말했습니다.

    "정말 대단하네. 유유히 흐르는 강물이 눈앞을 지나고 있는 것 같군."

    이처럼 나무꾼은 백아의 생각을 거문고 소리를 통해 척척 알아맞혔습니다. 감탄한 백아는 정말로 기쁨에 차서 이름을 물으니 종자기라고 했습니다.

의형제를 맺은 두 사람은 태산의 북쪽으로 여행을 떠났는데 도중에 폭풍우를 만나 바위 그늘에 머무르게 되었습니다.

백아는 자신의 우울한 기분을 거문고에 담았습니다. 한 곡 한 곡마다 종자기는 척척 그 기분을 알아맞혔습니다.

"정말 대단하네. 그대의 가슴에 떠오르는 것은 곧 내 마음 그대로일세. 그대 앞에서 거문고를 켜면, 도저히 내 기분을 숨길 수가 없네."

그 후 종자기가 병으로 죽자, 백아는 종자기의 무덤 앞에서 마지막으로 한 곡을 연주한 뒤에 거문고 줄을 끊어 버리고 두 번 다시 거문고에 손을 대지 않았습니다. 이제 거문고 소리를 듣고서 자신의 마음을 진실로 이해해 줄 만한 친구가 없었기 때문이었습니다.

이로부터 자기 속마음을 알아 주는 친구를 지음(知音)이라 하게 되었습니다.

쑥쑥 자라는 어휘력

의형제(義兄弟)
남남끼리 의리로써 맺은 형제.

기분(氣分)
마음에 생기는 유쾌함이나 불쾌함 등의 감정.

진실(眞實)
거짓이 없고 참되고 바름.

만화로 배우고

지 음
知 音

거문고 소리를(音) 알아줌(知).
···→ 마음이 깊이 통하는 절친한 친구.

知 알 지
矢(화살 시)부 3획

音 소리 음
音(소리 음)부 0획

알 지　ノ 丶 ㄷ 쑤 矢 矢 知 知

知 知 知

知 知 知

소리 음　一 丁 立 立 立 产 音 音

音 音 音

音 音 音

199

가을이면 쳐들어오는 흉노

옛날 중국은 흉노(匈奴)라는 북방 민족에게 수시로 변경(邊境)을 침략당해 왔습니다. 중국 왕조는 변경을 지키느라 골치를 앓았습니다. 그들은 바람처럼 쳐들어와 노략질을 하고는 바람처럼 사라졌습니다. 흉노는 주나라 이래 이천 년 동안 중국을 괴롭혔던 것입니다.

진나라 시황제가 만리장성을 쌓은 것도 이 흉노의 침입을 막기 위해서였습니다.

흉노의 근거지는 중국 북쪽의 광대한 초원이었고, 방목과 수렵이 생계 수단이었습니다. 대초원의 교통수단은 말이었기 때문에 남녀노소 할 것 없이 말타기, 활쏘기, 창던지기에 능하였습니다.

봄과 여름을 나면서 울창하게 자란 풀을 배불리 뜯어먹은 말은 더없이 청명해진 가을이 되면 살이 찌고 근육이 탄탄해집니다. 그러나 곧 겨울이 닥쳐 흉노는 매서운 추위를 견디면서 겨울을 나야 했습니다. 말도 얼마간 마련해 둔 풀로 버티지만 봄이 될 무렵에는 살이 다 빠집니다.

쑥쑥 자라는 어휘력

노략(擄掠)
떼를 지어 돌아다니면서 사람이나 재물을 마구 빼앗음.

만리장성(萬里長城)
중국의 북쪽에 있는 길이 약 2700km의 성. 중국 북쪽을 방어하기 위하여 쌓았는데, 진시황 때 완성되었음.

방목(放牧)
소나 말, 양 따위의 가축을 놓아기름.

청명(淸明)
날씨가 맑고 깨끗함.

힘든 겨우살이에 대비하기 위해서 흉노는 가을에 양식을 구하러 말을 타고 남쪽으로 쳐내려와 곡물을 약탈해 갔습니다.

맑은 가을 하늘이 계속되는 좋은 계절도 북방에 사는 중국인들에게는 노략질당하는 최악의 계절이었습니다. 변경을 지키는 병사들에게도 언제 흉노의 말굽 소리가 들려오나 밤낮으로 신경을 곤두서게 하는 가을은 차라리 잔인한 계절이었습니다.

천고마비(天高馬肥)의 계절이라고 하면 맑은 하늘 아래 오곡백과를 거두어들이는 풍요로운 가을을 나타내지만 원래는 맑게 갠 가을날에 살찐 말을 타고 쳐들어오는 흉노의 계절을 뜻했던 것입니다.

쑥쑥 자라는 어휘력

겨우살이
겨울을 남.

최악(最惡)
조건이나 상태 따위가 가장 나쁨.

오곡백과(五穀百果)
온갖 곡식과 과실.

풍요(豊饒)
매우 넉넉함.

만화로 배우고

천고마비
天高馬肥

하늘은(天) 높고(高) 말은(馬) 살찜(肥).
→ 가을날의 맑고 풍성한 정경.

天 하늘 천
大(큰 대)부 1획

高 높을 고
高(높을 고)부 0획

馬 말 마
馬(말 마)부 0획

肥 살찔 비
肉, 月(고기 육)부 4획

하늘 천 　一 二 チ 天

높을 고 　' 亠 宀 古 古 高 高 高

말 마 　1 厂 厂 厂 丆 馬 馬 馬 馬

살찔 비 　) 刀 月 月 月 肥 肥

청렴한 양일

쑥쑥 자라는 어휘력

부임(赴任)
관직을 받아 새로운 곳으로 감.

허가(許可)
바라는 바를 하도록 허용함.

　북위 말기에 양일이라는 사람이 광주 태수로 부임해 왔습니다. 당시 29세인 그는 훌륭한 집안 출신으로 조금도 잘난 척하지 않고 청년다운 순수한 마음으로 주를 다스리는 데 온갖 힘을 기울였습니다.

　그는 나라의 근본은 백성이라 여기고, 백성을 위주로 한 정치를 펼쳤습니다. 병사들이 싸움터에 나갈 때에는 찬바람이 불거나 눈비가 내려도 아랑곳하지 않고 반드시 배웅을 나갔습니다. 그만큼 백성을 사랑하고 위하는 마음이 컸던 것입니다. 그 대신 법 지키기를 엄하게 했기 때문에 죄를 범하는 자를 찾아보기 힘들었습니다.

　계속된 흉년으로 굶어 죽는 사람이 많이 나오자 양일은 국가의 창고를 열어 백성들에게 식량을 나눠 주기로 했습니다. 창고 담당 관리가 중앙의 허가 없이는 안 된다고 말리자 양일이 말했습니다.

　"나라의 기본은 백성인데 백성들을 굶주리게 해서는 안 되오. 창고를 활짝 열고 식량을 골고루 나누어 주도록 하시오. 책임은 내가 지겠소."

또 양일은 관리가 법을 무시하고 백성들을 괴롭히거나 뇌물받는 것을 싫어하여 출장을 갈 때에는 도시락을 준비해 갔고, 출장지에서 마련한 술자리에도 참석하지 않았습니다. 후한 대접과 뇌물을 받았다는 의심을 받을 것이 두려웠기 때문입니다. 관리들은 이렇게 말했습니다.

"양태수께서 '천 리를 내다보는 눈'을 가지고 계시오. 도저히 속일 수가 없소이다."

그러나 그토록 청렴하고 현명하던 양일은 그만 31살의 나이로 죽고 말았습니다. 밑에 있던 관리들과 백성들은 그의 죽음을 슬퍼하지 않는 이가 없었다고 합니다.

이처럼 천리안(千里眼)은 청렴하고 공정했던 양일의 고사에서 유래한 성어입니다. 지금은 미래의 일을 미리 꿰뚫어 보는 능력을 말합니다.

쑥쑥 자라는 어휘력

뇌물(賂物)
특별한 편의를 보아 달라는 뜻으로 주는 부정한 돈이나 물건.

출장(出張)
용무로 어떤 곳에 임시로 나감.

참석(參席)
어떤 자리나 모임에 참여함.

청렴(淸廉)
성품이 높고 맑으며 재물 욕심이 없음.

천 리 안
千 里 眼

천 리를(千里) 내다볼 수 있는 눈(眼).
⋯▸ 먼 곳이나 미래의 일을 꿰뚫어 보는 능력.

千 일천 천
十(열 십)부 1획

里 마을 리
里(마을 리)부 0획

眼 눈 안
目(눈 목)부 6획

일천 천　ノ 二 千

마을 리　１ 冂 曰 日 甲 里 里

눈 안　１ 冂 月 目 目' 町' 眼 眼 眼

207

하늘이 맺어 준 인연

• 쑥쑥 자라는 어휘력 •

외지(外地)
고장 이외의 땅.

규수(閨秀)
남의 집 처녀를 정중하게 이르는 말.

망령되이(妄靈-)
정신이 흐려져 말이나 행동이 정상적인 상태에서 벗어나.

합격(合格)
정하여진 격식이나 조건에 맞음.

　옛날 어떤 총각 서생이 과거에 연거푸 떨어지자 외지에 나가 공부를 했습니다. 그러던 중 그 동네에서 외모가 빼어나게 아름답고 마음씨도 고운 양가 규수를 만났습니다. 서생은 그만 마음이 움직여 시로써 그녀의 마음을 사고자 하였는데, 여인은 이렇게 답하였습니다.
　"여자는 망령되이 사람을 따라가지 않으니, 당신이 과거에 합격하기를 기다린 후에 부모님께서 허락해 주시면 일이 잘될 것입니다."
　서생은 곧 서울로 올라가 규수를 마음속으로 그리며 열심히 공부만 하였습니다.
　그런데 그녀의 부모는 딸이 나이가 많아지자 사윗감을 찾고 있었습니다. 평소에 그녀는 물고기를 길렀는데, 비록 미물이지만 그녀가 주는 먹이만을 먹었습니다. 속상한 마음에 그녀는 못에 가서 "내가 너희들을 오랫동안 길렀으니 마땅히 내 마음을 알 것이다." 하고는 비단에 쓴 편지를 던지니 큰 물고기 한 마리가 뛰어올라 그

편지를 삼키고는 유유히 사라졌습니다.

　서생이 어느 날 물고기를 사 가지고 돌아와 그 배를 가르니 비단에 쓴 편지가 나왔는데 영락없는 그녀의 것이었습니다.

　서생은 놀란 마음에 바로 그녀의 집으로 달려갔습니다. 그런데 집 앞에는 벌써 부모가 정한 사윗감이 와 있었습니다. 서생이 그 편지를 집안사람들에게 보여 주자 그녀의 부모가 말하기를,

　"이 사람과 우리 딸은 하늘이 맺어 준 인연이다. 한낱 미물인 물고기까지 너희들을 맺어 주려고 애를 쓰니 이는 사람의 힘으로 어찌할 수 없는 일이다."

하고 지극한 사랑에 감동하여 결혼을 허락했다고 합니다.

　천생연분(天生緣分)이란 하늘이 내려 주어 사람으로서는 도저히 어찌할 수 없는 남녀 간의 인연을 말합니다.

◆ 쑥쑥 자라는 어휘력 ◆

인연(因緣)
사람이나 사물들 사이에 서로 맺어지는 관계.

감동(感動)
깊이 느끼어 마음이 움직임.

결혼(結婚)
남녀가 정식으로 남편과 아내의 관계를 맺음.

천생연분 天生緣分

하늘이(天) 내준(生) 연분(緣分).
⋯▸ 결혼하여 잘 살아가는 부부.

天 하늘 천
大(큰 대)부 1획

生 날 생
生(날 생)부 0획

緣 인연 연
糸(실 사)부 9획

分 나눌 분
刀, 刂(칼 도)부 2획

하늘 천　一 二 于 天

　　　天　　天　　天

날 생　　丿 ㅏ ㅑ 牛 生

　　　生　　生　　生

인연 연　 纟 纟 纟 糸 糸 糽 紣 絆 緌 縀 緣 緣

　　　緣　　緣　　緣

나눌 분　丿 八 分 分

　　　分　　分　　分

211

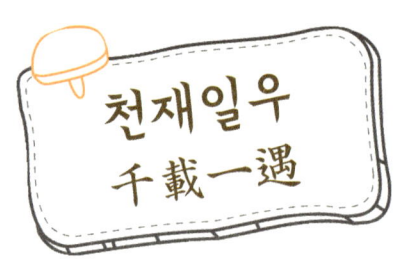

좀처럼 만나기 어려운 좋은 기회

쑥쑥 자라는 어휘력

수송선(輸送船)
사람이나 화물을 실어 나르는 배.

인부(人夫)
육체노동을 하는 사람.

실력(實力)
실제로 일을 해낼 수 있는 능력.

유명(有名)
이름이 널리 알려져 있음.

　동진의 원굉이라는 청년은 문학적 재능이 매우 뛰어났습니다. 그러나 그는 생활이 몹시 어려워 수송선의 인부 노릇을 하고 있었습니다.

　어느 가을날 밤에 귀족 한 사람이 강물에 배를 띄우고 달 구경을 하고 있는데, 어디선가 시를 읊는 소리가 들려왔습니다.

　귀족은 시를 듣고 있다가 하인을 보내어 시를 읊은 사람을 찾아오게 했습니다. 그 사람이 바로 원굉이었습니다. 원굉은 실력을 인정받아 높은 벼슬자리를 얻게 되었습니다.

　원굉은 관직에 있는 동안 수많은 책을 썼는데 그중에서도 유명한 것은 『삼국명신서찬』입니다. 이 책은 『삼국지』에 등장하는 위, 촉, 오 세 나라를 세운 훌륭한 신하 20명을 칭찬하는 뜻으로 지은 것입니다. 원굉은 이 책에서,

　"백락을 만나지 못한다면 천년이 지나도 한 필의 천리마가 없으리라."

　좋은 말을 알아보는 데 명수인 백락을 만나지 않고서는 천년이

지난다 해도 천리마 한 마리를 발견해 낼 수 없다는 것은 어진 신하가 훌륭한 임금님을 만나는 것이 그만큼 어려움을 비유적으로 표현한 것입니다.

"만년에 한 번 기회를 만나는 것은 사람이 살고 있는 세상의 공통된 원칙이요, '천년에 한 번 기회를 만나는 것'은 어진 사람과 지혜로운 사람의 아름다운 만남이다. 그러므로 이와 같은 기회를 만나면 누구나 기뻐할 것이요, 기회를 만나지 못하면 그 누가 한탄하지 않겠는가?"

천재일우(千載一遇)란 천년 만에 한 번 만난다는 뜻으로 좀처럼 만나기 어려운 좋은 기회를 말합니다.

· 쑥쑥 자라는 어휘력 ·

발견(發見)
아무에게도 알려져 있지 않은 것을 먼저 찾아냄.

원칙(原則)
기본적인 규칙이나 법칙.

기회(機會)
무슨 일을 하기에 알맞은 시기.

한탄(恨歎)
한숨을 쉬며 탄식함.

천 재 일 우
千載一遇

천년에(千載) 한 번(一) 만남(遇).
···▶ 좀처럼 얻기 어려운 좋은 기회.

 일천 천
十(열 십)부 1획

 해 재
車(수레 거)부 6획

 한 일
一(한 일)부 0획

 만날 우
辶, 辶(책받침)부 9획

일천 천　ノ 二 千

千	千	千					

해 재　一 十 土 圡 耂 吉 言 壹 車 載 載 載

載	載	載					

한 일　一

一	一	一					

만날 우　1 口 日 甲 禺 禺 禺 遇 遇 遇

遇	遇	遇					

유방에게 버림받은 한신

천하를 평정한 한나라 고조 유방은 한나라 창업에 절대적인 공을 세운 한신을 초나라 왕에 봉했습니다. 그런데 적의 장수 항우의 부하였던 종리매가 한신의 집에서 살고 있다는 사실을 고조가 알게 되었습니다. 고조는 몹시 화를 내며 종리매를 당장 데려오라고 명하였으나 한신은 명을 어기고 오히려 그를 숨겨 주었습니다. 그러자 한신을 의심하고 있던 고조는 이를 기회로 엄하게 다스리기로 하기로 했습니다.

사태가 이쯤되자 한신은 반기를 들까도 생각했으나 마음을 고쳐 먹고 고조를 만나기로 했습니다. 그러자 옆에 있는 사람이 종리매의 목을 가지고 가면 고조의 의심이 풀릴 것이라고 말했습니다. 한신은 고민을 하다가 종리매에게 사정을 털어놓았습니다. 그러자 종리매는 화를 벌컥 내면서 자리에서 벌떡 일어섰습니다.

"고조가 자네의 초나라를 치지 않는 것은 자네 곁에 내가 있기 때문일세. 자네가 내 목을 가져가겠다면 지금 당장 내 손으로 죽여 주지. 하지만 내가 죽으면 그 다음은 차례는 자네임을 알아야

쑥쑥 자라는 어휘력

창업(創業)
나라를 처음으로 세움.

반기(叛起)
배반하여 일어남.

의심(疑心)
확실히 알지 못하거나 믿지 못하여 이상하게 생각함.

하네."

라고 하며 한신을 꾸짖고 스스로 칼로 목을 찔러 죽었습니다. 한신이 종리매의 목을 들고 고조를 만나자 고조는 한신을 배반자라며 체포해 버렸습니다. 한신은 몹시 화를 내며 말했습니다.

"날쌘 토끼가 죽으니 그를 쫓던 개는 삶아지고, 나는 새가 떨어지니 좋은 활이 필요 없게 되며, 적국을 멸망시키니 지혜로운 신하는 버림을 받게 되는구나!"

한신의 말에서 유래한 토사구팽(兎死狗烹)은 쓸모가 있을 때는 이용하다가 값어치가 없어지면 헌신짝처럼 버린다는 말입니다.

* 쑥쑥 자라는 어휘력

배반(背反)
신의를 저버리고 돌아섬.

체포(逮捕)
죄인을 쫓아가서 잡음.

적국(敵國)
적대 관계에 있는 나라.

217

만화로배우고

토 사 구 팽
兎死狗烹

토끼가(兎) 죽으면(死) 사냥개를(狗) 삶음(烹).

…→ 필요할 때는 소중히 여기다가도 쓸모가 없어지면 쉽게 버림.

兎 토끼 **토**
儿(어진사람인발)부 5획

死 죽을 **사**
歹(죽을사변)부 2획

狗 개 **구**
犬, 犭(개 견)부 5획

烹 삶을 **팽**
火, 灬(불 화)부 7획

토끼 **토**　 ノ 　ㄏ 　厂 　匚 　臼 　兎 　兎

죽을 **사**　 一 　厂 　ㄅ 　歹 　死 　死

개 **구**　 ノ 　丿 　犭 　犭 　狗 　狗 　狗 　狗

삶을 **팽**　 一 　亠 　亠 　古 　古 　亨 　亨 　亨 　烹 　烹

219

진나라의 천하 통일

쑥쑥 자라는 어휘력

요해(要害)
아군에게 유리하고 적에게는 불리한 곳.

명맥(命脈)
생명이나 목숨이 유지되는 근본.

수도(首都)
한 나라의 중앙 정부가 있는 도시.

    위나라의 권세 있는 신하 사마염은 왕을 몰아낸 후 스스로 제위에 올라 무제라 칭하고 국호를 진이라 했습니다. 당시 강남 지방에는 아직도 오나라가 있어 장강(長江)이라는 천연의 요해를 끼고 명맥을 유지하고 있었습니다.

    무제는 남쪽의 기름진 땅을 차지하고 있는 오나라에 대한 공격을 시작하였습니다.

    두예는 이십만 대군을 이끌고 남쪽으로 내려가 순식간에 장강 이북 땅을 차지하고, 오나라 수도를 바로 눈앞에 두고 있었습니다.

    두예는 장수들과 오나라를 일격에 공격할 작전 회의를 열었습니다. 거기서 한 장수가 말했습니다.

    "지금 단숨에 승리를 거두는 것은 어렵습니다. 게다가 봄도 완연하여 잦은 비로 전염병에 걸리기 쉽습니다. 일단 작전을 중지하고 군대를 철수했다가 오는 겨울에 다시 공격하는 게 어떻습니까?"

    그러자 두예가 딱 잘라 대답했습니다.

"아니, 그렇지 않소. 아군은 승세를 타고 있소. 이는 마치 대를 쪼개는 기세와 같소. 처음 두세 마디만 쪼개 버리면, 나머지는 힘들이지 않아도 저절로 쪼개지는 법이오. 이 좋은 기회를 놓치면 안 되오."

두예는 곧바로 전군을 휘몰아 쏜살같이 오나라 수도로 쳐들어가 공격하여 빼앗았습니다. 두예는 이 공훈으로 당양후에 봉해졌습니다. 그는 장군으로서 뛰어났을 뿐만 아니라 정치가로도, 학자로서도 후세에 남을 만한 훌륭한 업적을 쌓았습니다.

파죽지세(破竹之勢)란 대나무가 결 따라 쪼개질 때와 같은 형세라는 뜻으로, 감히 대적할 수 없을 정도로 막힘없이 무찔러 나아가는 맹렬한 기세를 말합니다.

쑥쑥 자라는 어휘력

아군(我軍)
우리 편의 군대.

승세(勝勢)
이길 기세.

공훈(功勳)
두드러지게 세운 공로.

업적(業績)
이룩해 놓은 성과.

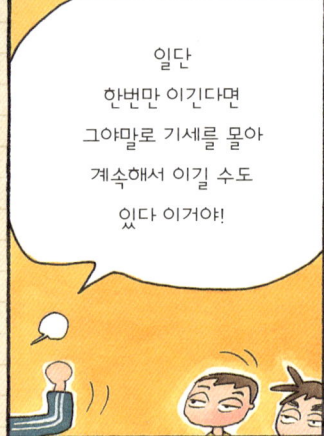

파죽지세
破竹之勢

대나무를(竹) 쪼개는(破) 듯한(之) 기세(勢).
…▶ 세력이 강해 적을 거침없이 물리치고 쳐들어가는 기세.

破 깨뜨릴 파
石(돌 석)부 5획

竹 대 죽
竹(대 죽)부 0획

之 어조사 지
丿(삐침 별)부 3획

勢 형세 세
力(힘 력)부 11획

깨뜨릴 파 ー ブ ズ 石 石 矿 砂 破 破

破 破 破

대 죽 ノ ノ ノ ォ ォ 竹

竹 竹 竹

어조사 지 ㄱ ㅗ ㅗ 之

之 之 之

형세 세 一 十 土 市 吉 坴 封 刲 埶 埶 勢 勢

勢 勢 勢

223

패가망신 敗家亡身

재산 날리고 몸까지 망친 늦둥이

★ 쑥쑥 자라는 어휘력 ★

애지중지(愛之重之)
매우 사랑하고 소중히 여김.

재력(財力)
재물의 힘이나 재산상의 능력.

태산(泰山)
높고 큰 산. 크고 많음을 비유적으로 이르는 말.

　옛날 어느 고을에 부부가 살았는데, 딸만 다섯이고 아들이 없어 아들을 바랐습니다. 그러던 터에 드디어 아들을 보게 되어 매우 기뻐 애지중지 길렀습니다. 그런데 너무도 귀한 자식이라 아무리 버릇없게 굴어도 '오냐오냐', 동네에서 나쁜 짓은 다하고 돌아다녀도 '오냐오냐'만 하며 부족한 것 없이 다 해 주었습니다.

　처음에는 동네 사람들도 늦둥이로 태어난 아들을 함께 기뻐하며 '어리니까 저렇겠지.' 하고 이해해 주었습니다. 그런데 커 갈수록 그의 행동이 포악하고 예의가 없어, 나중에는 동네에서 그와 마주치려고 하는 사람이 하나도 없었습니다. 게다가 집안에 재력도 있던 터라 기생집을 들락거리며 술에 잔뜩 취해 정신이 멀쩡한 날이 없을 정도였습니다. 부부는 걱정이 태산이었지만 이미 때는 늦었습니다. 그래서 장가를 보내면 좀 나아지려나 하여 동네에서 참한 규수감을 찾았지만 늦둥이의 행실을 모두 다 아는 동네 사람들로서는 아무도 딸을 시집보내려는 사람이 없었습니다.

그래서 하는 수 없이 논 서너 마지기를 떼어 주고서야 장가를 보낼 수 있었습니다. 그러나 늦둥이의 생활은 나아지는 것이 아니라, 노름판에까지 뛰어들었습니다. 집에 와서는 매일 노름빚을 갚아야 한다며 집안의 돈을 모조리 가져갔습니다. 나중에는 그것도 모자라 문전옥답까지 모두 날리고 집안 살림살이까지 내다 팔았습니다.

결국 노부부와 늦둥이 부부는 살고 있는 집에서조차 쫓겨나 거리에 나앉게 되었습니다. 게다가 술과 노름에 빠져 있던 늦둥이는 건강까지 나빠졌습니다. 늦둥이의 잘못된 행실이 드디어는 집안의 재산을 모두 없애 버리고 자신의 몸까지도 망하게 하는 패가망신(敗家亡身)의 결과를 낳은 것입니다.

• 쑥쑥 자라는 어휘력 •

문전옥답(門前沃畓)
집 가까이에 있는 기름진 논.

건강(健康)
정신적으로나 육체적으로 아무 탈 없이 튼튼함.

만화로 배우고

패 가 망 신
敗家亡身

집안을(家) 무너뜨리고(敗) 몸을(身) 망침(亡).
⋯ 집안을 무너뜨리고 자신의 신세를 망침.

敗 무너뜨릴 패
攴, 攵(등글월 문)부 7획

家 집 가
宀(갓머리)부 7획

亡 망할 망
亠(돼지해머리)부 1획

身 몸 신
身(몸 신)부 0획

무너뜨릴 **패**　丨冂冃貝貝貯貯敗敗

집 **가**　丶丶宀宀宇字家家

망할 **망**　丶亠亡

몸 **신**　丿丿𠂉月月身身

227

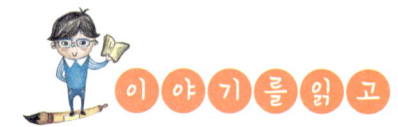

효도 못한 고어의 슬픔

✱ 쑥쑥 자라는 어휘력 ✱

공부(工夫)
학문이나 기술을 배우거나 닦음.

경륜(經綸)
나라를 다스리는 일. 또는 그 방책.

봉양(奉養)
부모나 조부모를 받들어 모심.

 공자가 자기의 뜻을 펴기 위해 이 나라 저 나라로 떠돌고 있을 때였습니다. 그날도 발걸음을 재촉하고 있는데 어디선가 몹시 슬피 우는 소리가 공자의 귀에 들려 왔습니다. 울음소리를 따라가 보니 고어라는 사람이었습니다.
 공자가 우는 까닭을 물어보았습니다. 울음을 그친 고어가 입을 열었습니다.
 "저에게는 세 가지 한이 되는 일이 있습니다. 첫째는 공부를 한 답시고 집을 떠나 있다가 고향에 돌아와 보니 부모님이 이미 세상을 떠나신 것입니다. 둘째는 저의 경륜을 받아들이려는 군주를 어디에서도 만나지 못한 것입니다. 셋째는 서로 속마음을 터 놓고 지내던 친구와 사이가 멀어진 것입니다."
 고어는 한숨을 쉬고는 다시 말을 이었습니다.
 "나무는 가만히 있고자 하여도 바람이 그치질 않고 자식이 봉양을 하려고 하여도 부모님께서는 기다려 주지를 않으십니다. 돌아가시고 나면 다시는 뵙지 못하는 것이 부모입니다. 저는 이제 이대로 서서 말라 죽으려고 합니다."

고어의 말이 끝나자 공자는 제자들을 돌아보며 말했습니다.

"이 말을 마음속 깊이 새겨 두어라. 훈계로 삼을 만하지 않느냐!"

이날 충격과 함께 깊은 감명을 받은 공자의 제자 중 고향으로 돌아가 부모를 섬긴 사람이 열세 명이나 되었습니다.

풍수지탄(風樹之嘆)은 고어가 말한 '나무는 가만히 있고자 하여도 그치질 않고(樹欲靜而風不止)'에서 유래한 말로서, 부모님이 돌아가셔서 효도할 기회를 잃은 것에 대한 탄식입니다. 부모님께서 언제까지 살아 계신 것이 아니니 부모님 살아 생전에 효도해야 한다는 뜻입니다.

◆ 쑥쑥 자라는 어휘력 ◆

훈계(訓戒)
타일러서 주의를 줌. 또는 그런 말.

충격(衝擊)
마음에 받는 심한 동요나 자극.

감명(感銘)
깊이 느끼어 마음에 새김.

탄식(歎息)
원통한 일이 있거나 스스로 뉘우칠 때 한탄하며 한숨을 쉼.

만화로 배우고

풍 수 지 탄
風樹之嘆

바람에 나부끼는(風) 나무(樹)의(之) 탄식(嘆).
→ 부모님이 돌아가셔서 효도할 기회를 잃은 것을 탄식함.

 바람 풍
風(바람 풍)부 0획

 나무 수
木(나무 목)부 12획

 어조사 지
丿(삐침 별)부 3획

 탄식할 탄
口(입 구)부 11획

바람 풍　丿 几 凡 凡 同 同 凨 風 風

風	風	風						

나무 수　一十十十木朴朴朴桔桔桔桔樹樹

樹	樹	樹						

어조사 지　丶 亠 立 之

之	之	之						

탄식할 탄　丨 口 口 叮 叮 呿 啩 唳 嘆 嘆 嘆

嘆	嘆	嘆						

학문에 힘쓴 손강과 차윤

쑥쑥 자라는 어휘력

소년(少年)
완전히 성숙하지 않은 남자아이.

청렴결백(淸廉潔白)
욕심이 없고 마음이 깨끗함.

궁리(窮理)
좋은 방법을 찾으려고 깊이 생각함.

반사(反射)
빛이나 전파 따위가 어떤 물체의 표면에 부딪쳐 되돌아오는 현상.

진(晉)나라에 손강이라는 소년이 살고 있었습니다. 어릴 때부터 성품이 청렴결백하여 친구도 좋은 사람만을 골라 사귀었습니다. 공부는 해야겠는데 집이 가난하여 기름을 살 돈이 없어 밤에는 책을 덮어 두어야 할 형편이었습니다. 소년은 궁리 끝에 겨울날 추위를 견디며 창으로 몸을 내밀고 쌓인 눈에 반사되는 달빛에 의지해 책을 읽고 또 읽었습니다. 그렇게 열심히 공부한 덕택으로 뒷날 어사대부에까지 이르게 되었습니다. 오늘날 검찰 총장이나 감사원장쯤되는 자리입니다.

같은 무렵 차윤이라는 소년이 있었습니다.

그는 어린 시절부

터 말이나 행동이 의젓하고 점잖으며 공부도 열심히 했으나 집안이 가난해 등불을 켜는 데 사용할 기름조차 없었습니다. 소년은 밤에도 책을 읽고 싶었습니다. 그래서 생각한 끝에 엷은 명주 주머니를 벌레통처럼 만들어 그 속에 반디를 집어 넣어, 반딧불로 책을 비추어 가면서 읽고 또 읽었습니다. 이렇게 열심히 노력한 끝에 상서랑이라는 높은 벼슬에까지 오르게 되었습니다. 이 직책은 황제의 곁에서 문서를 다루는 중요한 역할을 하는 자리였습니다.

『진서』에 나오는 차윤과 『몽고』에 있는 손강의 이야기가 합해져서 생긴 형설지공(螢雪之功)은 반딧불과 눈으로 이룬 공이라는 뜻으로, 어려운 상황에서도 열심히 공부하여 성공한 것을 말합니다.

이 외에도 한나라의 손경은 공부하다가 졸음이 오면 고개가 숙여지지 못하도록 '자신의 머리를 대들보에 끈으로 매달아 놓고' 책을 읽었습니다. 소진이라는 사람은 책을 읽다가 졸리면 '송곳으로 자신의 넓적다리를 찔러' 어떤 때는 흘러내린 피가 발뒤꿈치까지 이를 정도였다고 합니다.

이 두 사람도 스스로 채찍질하며 노력한 결과 학자로서 커다란 명성을 얻게 되었고 여기에서 유래한 '현두자고(懸頭刺股)'도 비슷한 의미로서 매우 졸린 것을 참아 가며 열심히 학문에 힘쓴다는 뜻입니다.

쑥쑥 자라는 어휘력

명주(明紬)
명주실로 무늬 없이 짠 새 베.

반디
개똥벌레.

직책(職責)
직무상의 책임.

역할(役割)
마땅히 해야 할 일.

형설지공
螢雪之功

반딧불과(螢) 눈으로(雪) 쌓은(之) 공(功).
··· 갖은 고생을 하면서 학문에 힘써 이룬 공.

螢 반딧불 형
虫(벌레 훼)부 10획

雪 눈 설
雨(비 우)부 3획

之 어조사 지
丿(삐침 별)부 3획

功 공 공
力(힘 력)부 3획

반딧불 형

눈 설

어조사 지

공 공

호랑이를 빌려 위세 부리는 여우

쑥쑥 자라는 어휘력

재상(宰相)
높은 자리의 벼슬.

거역(拒逆)
윗사람의 뜻이나 명령을 따르지 않고 거스름.

전국 시대 초나라에 소해휼이라는 재상이 있었는데, 북방의 나라들은 이 소해휼을 몹시 두려워하고 있었습니다. 어느 날 초나라의 선왕은 여러 신하들에게 물었습니다.

"북쪽의 여러 나라들이 우리 재상인 소해휼을 두려워한다던데 그게 사실이오?"

그때 강을이란 사람이 말했습니다.

"전하! 호랑이는 여우를 잡게 되었습니다. 그런데 여우가 말했습니다. '그대는 감히 나를 잡아먹을 수 없다. 하늘이 나로 하여금 모든 짐승의 우두머리가 되도록 하였으니, 지금 그대가 나를 잡아먹는다면 이는 하느님의 명을 거역하는 것이다. 그대가 나를 믿지 못하겠거든, 내가 그대 앞에 갈 터이니 그대가 내 뒤를 따르면서 나를 보고도 도망가지 않는 동물이 있는지를 보아라.' 그리하여 마침내 호랑이는 여우와 함께 가게 되었습니다. 그러자 동물들은 그들을 보고 도망쳤습니다. 호랑이는 동물들이 자기를 두려워해 도망치는 것을 모르고 여우를 두려워한다고 여겼습니다. 전하, 지금 사방 오천 리의 대국을 다스리는 것은 전하이십니다. 하온데 전하께서 병력을 소해휼에게 맡기고 계십니다. 북쪽의 여러 나라들은 모두 소해휼을 두려워하고 있습니다. 그것은 왜겠습니까? 짐승들이 두려워하고 있던 것은 호랑이였습니다. 그와 마찬가지로 북쪽의 여러 나라들이 두려워하고 있는 것은 바로 소해휼 뒤에 있는 전하이며, 전하의 위세입니다." 강을은 소해휼에 대한 선왕의 의구심을 풀어 주었습니다.

호가호위(狐假虎威)는 남의 권세를 빌려 약자를 호령하는 비열한 행동을 뜻하게 되었습니다.

★ 쑥쑥 자라는 어휘력 ★

대국(大國)
영토가 넓고 세력이 강한 나라.

약자(弱者)
권력이나 힘이 약한 사람.

호령(號令)
지휘하여 명령함.

비열(卑劣)
성품이나 하는 짓이 천하고 졸렬함.

만화로 배우고

호가호위
狐假虎威

여우가(狐) 호랑이의(虎) 위세를(威) 빌림(假).
…» 강한 자의 세력을 빌려 약한 자에게 군림함.

狐 여우 호
犬, 犭(개 견)부 5획

假 거짓 가
人(사람 인)부 9획

虎 범 호
虍(범호엄)부 2획

威 위엄 위
女(계집 녀)부 6획

여우 호   ノ ノ ノ 犭 犭 狐 狐 狐 狐

거짓 가   ノ 亻 亻 亻 亻 伲 伲 伲 假 假 假

범 호   ノ 卜 ナ 广 虍 虍 虎

위엄 위   ノ 厂 厂 厃 反 反 威 威 威

도덕적 용기

쑥쑥 자라는 어휘력

의리(義理)
사람으로서 마땅히 지켜야 할 도리.

축적(蓄積)
많이 모아서 쌓음.

고갈(枯渴)
물자나 자금이 다하여 없어짐. 인정이나 감정 따위가 메마름.

맹자와 그의 제자 공손추와의 대화 내용 가운데 '호연지기'라는 말이 나옵니다.

"선생님께서는 무엇을 잘하십니까?"

"나는 말을 할 줄 알며, 호연지기를 잘 기른다."

"그렇다면 무엇을 호연지기라고 합니까?"

"말로 하기 어렵다. 호연지기는 지극히 크고 강한 것이니, 정직으로서 해침이 없으면 하늘과 땅 사이에 꽉 차게 된다. 호연지기는 정의와 도에 맞는 것이니 이것이 없으면 허해진다. 호연지기는 의리를 많이 축적하여 생겨나는 것이다. 의(義)는 하루아침에 갑자기 얻어지는 것이 아니며, 행하더라도 마음에 부족하게 여기는 바가 있으면 고갈된다. 그러므로 내가 '고자는 의를 모른다'고 말한 것이니 이는 그 의가 바깥에 있다고 여기기 때문이다. 반드시 호연지기를 기르는 것을 일삼되 효과를 미리 기대하지 말며 마음에 잊지도 말며 조장하지도 말아야 한다."

한편, 어떤 송나라 사람이 벼의 싹이 자라지 못하는 것을 안타까이 여겨서 뽑아 놓고는 집에 돌아와 이렇게 말했습니다.

"오늘은 피곤하다. 내가 벼의 싹을 도와 자라게 했다."

그의 아들이 밭에 나가 보니 벼 싹이 죄다 말라 있었습니다. 유익함이 없다고 해서 내버려 두는 자는 벼의 싹에 김매지 않는 자이고, 도와서 자라게 하는 자는 벼의 싹을 뽑는 자이니, 유익함이 없을 뿐 아니라 해치는 것입니다.

호연지기(浩然之氣)란 인간의 본성 원래 모습을 실현할 수 있는 호연한 기운을 말합니다. 이 호연지기를 잘 기르기 위해서는 인간의 본성이 얼마나 고귀하고 값진 것인가를 먼저 깨달아야 합니다. 이 '기'가 사람 안에 깃들이면 도(道)와 의(義)가 합치되어 조금도 부끄러울 것이 없는 도덕적인 용기가 생기는 것입니다.

• 쑥쑥 자라는 어휘력 •

본성(本性)
본디부터 있는 성질.

고귀(高貴)
훌륭하고 귀함.

도덕(道德)
사람으로서 마땅히 지켜야 할 바른 행동과 도리.

호 연 지 기
浩然之氣

하늘과 땅 사이에 가득 찬 넓고 큰(浩然之) 원기(氣).

→ 도의에 뿌리를 두고 조금도 부끄러울 바 없는 도덕적 용기.

浩 넓을 호
水, 氵(물 수)부 7획

然 그러할 연
火, 灬(불 화)부 8획

之 어조사 지
丿(삐침 별)부 3획

氣 기운 기
气(기운 기)부 6획

넓을 호　`丶 氵 氵 氵 浐 浐 浩 浩 浩`

그러할 연　`ノ ク タ タ タ- 夗 夘 妖 然 然 然 然`

어조사 지　`丶 ュ 亠 之`

기운 기　`ノ ト 广 气 气 氕 氖 氣 氣 氣`

243

하늘로 솟아오르는 용

✦ 쑥쑥 자라는 어휘력 ✦

화가(畵家)
그림 그리는 일을 전문으로 하는 사람.

주지(住持)
한 절을 주관하는 승려.

벽화(壁畵)
벽에 장식으로 그린 그림.

생동감(生動感)
살아 움직이는 듯한 느낌.

    남북조 시대, 양나라에 유명한 화가 장승요라는 사람이 있었습니다.

    어느 날 그는 안락사라는 절의 주지로부터 용 그림을 벽화로 그려 달라는 부탁을 받았습니다. 처음에는 응하지 않았으나 주지의 간곡한 청을 뿌리치지 못하고 마침내 절간의 벽에 네 마리의 용을 그렸습니다.

    그런데 그림을 얼마나 잘 그렸던지 용들이 금방이라도 하늘로 치솟아 오를 듯 생동감이 넘쳐 마치 살아 있는 것 같았습니다.

    그림을 본 사람들은 모두 혀를 내두르며 감탄했습니다. 그러나 한 가지 이상한 점이 있었습니다. 용의 눈에 눈동자가 그려져 있지 않은 것입니다. 그리다가 깜빡했는지, 아니면 무슨 깊은 뜻이라도 있는지 사람들은 궁금하였습니다. 장승요는 그 이유를 따지는 물음에 시달리다가 겨우 입을 열었습니다.

    "눈동자는 그려 넣을 수가 없소. 그것을 그려 넣으면 용은 당장 벽을 박차고 하늘로 날아가 버리고 만단 말이오."

이 말을 사람들이 믿을 리가 없었습니다. 눈동자를 그려 넣으라는 독촉을 견디다 못한 장승요는 마침내 먹물을 푹 찍은 붓을 한 마리 용의 눈에 갖다 대고 점을 찍었습니다.

그러자 갑자기 천둥이 울리고 번개가 번쩍하더니 벽이 무너지고 눈동자를 그려 넣은 한 마리의 용이 몸을 비틀어 하늘로 치솟아 올라가는 것이었습니다. 그러나 눈동자에 점을 찍지 않은 나머지 용들은 벽에 그대로 남아 있었다고 합니다.

이 고사에서 유래한 화룡점정(畵龍點睛)이라는 말은 사물의 가장 중요한 부분을 끝내어 일을 완성시킨다는 뜻을 가지게 되었습니다.

쑥쑥 자라는 어휘력

독촉(督促)
몹시 재촉함.

사물(事物)
일이나 물건을 아울러 이르는 말.

완성(完成)
완전히 다 이룸.

화룡점정 畵龍點睛

용을(龍) 그릴 때(畵) 마지막으로 눈동자에(睛) 점을(點) 찍어 완성시킴.
··· 가장 중요한 부분을 완성하여 일을 끝냄.

畵 그릴 화
田(밭 전)부 8획

龍 용 룡
龍(용 룡)부 0획

點 점 점
黑(검을 흑)부 5획

睛 눈동자 정
目(눈 목)부 8획

그릴 화　一 フ ヨ 肀 聿 書 書 書 畵 畵 畵

畵　畵　畵

용 룡　` 亠 产 音 产 产 背 背 龍 龍

龍　龍　龍

점 점　丨 冂 冃 罒 甲 甲 里 黑 黑 黑 點 點

點　點　點

눈동자 정　丨 冂 冃 目 目˗ 目ŧ 目ŧ 睛 睛 睛 睛

睛　睛　睛

247

읽고 배우고 익히는 고사성어

초판 1쇄 발행 2015년 9월 5일
초판 2쇄 발행 2020년 8월 27일

글 김선기·그림 천길생·만화 조국한·표지화 박수현

펴낸이 김선기
펴낸곳 (주)푸른길
출판등록 1996년 4월 12일 제16-1292호
주소 (08377) 서울시 구로구 디지털로 33길 48 대륭포스트타워 7차 1008호
전화 02-523-2907, 6942-9570~2
팩스 02-523-2951
이메일 purungilbook@naver.com
홈페이지 www.purungil.co.kr
ISBN 978-89-6291-295-1 73810

ⓒ 김선기 외, 2015

• 이 책은 저작권법에 따라 보호받는 저작물이므로 무단전재와 무단복제를 금하며, 이 책의 내용 전부 또는 일부를 이용하시려면 반드시 저작권자와 (주)푸른길의 서면 동의를 얻어야 합니다.

• 이 도서의 국립중앙도서관 출판예정도서목록(CIP)은 서지정보유통지원시스템 홈페이지(http://seoji.nl.go.kr)와 국가자료공동목록시스템(http://www.nl.go.kr/kolisnet)에서 이용하실 수 있습니다.(CIP제어번호 : CIP2015022744)